lonely planet

DE CERCA

OPORTO

Joana Taborda

Sumario

Puesta a punto ... 4

Arriba: fachadas con azulejos tradicionales.
Abajo: Mercado do Bolhão (p. 62).

xplora Oporto 33

Guía práctica 143

DESDE ARRIBA IZDA.: YASONYA/SHUTTERSTOCK ©, KERRY MURRAY/LONELY PLANET ©

★ Imprescindible

El viaje empieza aquí

Cada vez que viajo a Oporto tengo la sensación de descubrir algo nuevo; tal vez unos antiguos almacenes reconvertidos o su inquebrantable obsesión por los sándwiches. La ciudad ha ganado popularidad con los años, adaptándose al *boom* turístico pero sin perder su autenticidad. Y aunque probablemente nunca logre entender su amor por los callos, cada vez me gustan más los *tripeiros* (así llaman a los portuenses), desde los músicos callejeros que tocan a orillas del Duero a los artesanos que trabajan en sus talleres de Bonfim y los jóvenes chefs que presentan sus últimas creaciones. Nada más partir, el viajero ya deseará volver.

Joana Taborda
@cityodes
Escritora de viajes portuguesa con una gran pasión por la artesanía y los festivales tradicionales de su país. Nunca rechaza un viaje a Oporto, su ciudad portuguesa favorita.

Escena callejera en Oporto.

Wine Quay Bar

LO MEJOR

Gastronomía

Oporto tiene muchas obsesiones culinarias, desde copiosos sándwiches bañados en salsa picante a marisco fresco o deliciosos productos en conserva. Los mercados tradicionales siguen siendo los más populares, aunque también hay margen para la innovación.

Visitar la centenaria fábrica **Conservas Pinhais** y probar deliciosas sardinas en conserva pescadas en el cercano litoral. (p. 138)

Saborear una *francesinha* con varias capas de carne, el sándwich típico de la ciudad, en **Café Santiago.** (p. 66; foto)

Pedir un *lanche* (brioche relleno) y desayunar con los lugareños en **Confeitaria Belo Mundo.** (p. 146)

Regalarse una comida con estrella Michelin y vistas al Duero en **Yeatman.** (p. 100; foto)

Comprar productos frescos o curiosear por los puestos del **Mercado do Bolhão,** el más icónico de la ciudad. (p. 62)

Aprender a cocinar platos típicos en un taller de 3 h en **Workshops Pop Up.** (p. 65)

Dcha.: Mercado do Bolhão (p. 62).

LO MEJOR

Arquitectura

Más allá del centro histórico, salpicado de iglesias, los arquitectos contemporáneos han dejado su impronta en edificios minimalistas que mantienen un perfecto equilibrio con el entorno, generalmente natural.

Reservar un circuito guiado por la **Casa da Música,** una impresionante sala de conciertos con excelente acústica y elementos antiguos y contemporáneos. (p. 119; foto arriba)

Captar la exuberancia del barroco portuense en la **Igreja de São Francisco.** (p. 40)

Visitar una casa *art déco* y ver la obra del arquitecto, ganador de un Pritzker, Álvaro Siza Vieira en **Serralves.** (p. 131; foto arriba dcha.)

Deambular por las eclécticas salas del **Palácio da Bolsa,** como el Salão Árabe, lleno de motivos neomudéjares. (p. 42)

Subir las escaleras de la **Torre dos Clérigos,** el edificio más icónico del *skyline* urbano, diseñado por el italiano Nicolau Nasoni. (p. 58)

Viajar a la Edad Media en una visita a la **catedral de Oporto.** (p. 38)

Dcha.: Torre dos Clérigos (p. 58).

DESDE IZDA.: MASSIMILIANO SCARPA/500PX ©, CARLOS NETO/SHUTTERSTOCK ©, SAIKO3P/SHUTTERSTOCK ©

LO MEJOR

Museos

Desde espacios íntimos y pequeños dedicados a temas específicos como la fotografía y los tranvías, a majestuosos palacios o edificios minimalistas que albergan exposiciones vanguardistas.

Apreciar modernas exhibiciones y pasear entre jardines repletos de esculturas en **Serralves.** (p. 131)

Descubrir la red de transporte público de Oporto en el **Museu do Carro Eléctrico,** lleno de tranvías históricos que antes recorrían las calles. (p. 112)

Admirar cámaras *vintage* e interesantes exposiciones de fotografía en el **Centro Português de Fotografia,** en una antigua prisión política. (p. 78)

Contemplar una colección de pinturas religiosas y una iglesia en el **Museu da Misericórdia do Porto.** (p. 45)

Ver esculturas clásicas y pinturas naturalistas en el **Museu Nacional Soares dos Reis.** (p. 79; foto arriba izda.)

Visitar la casa más estrecha de la ciudad, las catacumbas y reliquias antiguas en el museo contiguo a la **Igreja do Carmo.** (p. 81; foto arriba)

La Igreja do Carmo, cubierta de azulejos (p. 81).

LO MEJOR

Artesanía

Desde calles bordeadas de galerías a barrios llenos de estudios de artistas, la escena creativa de la ciudad está en auge. Hay que estar atento, incluso se puede participar en algún taller.

Aprender a pintar un azulejo en **Gazete Azulejos,** en Bonfim, y llevarse a casa un recuerdo de las fachadas de la ciudad. (p. 70)

Buscar en las galerías y tiendas alrededor de la **Rua de Miguel Bombarda** magníficos estampados y libros de arte. (p. 108)

Curiosear entre objetos de corcho portugueses en **Planet Cork Shop,** en el World of Wine (WOW). (p. 101)

Ir **en busca de los azulejos** que adornan las iglesias y tiendas de comestibles antiguas en torno a Aliados y Bolhão. (p. 62)

LO MEJOR

Vida nocturna

Oporto es una ciudad de fiesta, especialmente la zona de Galeria, con bares de estilo clandestino y calles llenas de animación. Pero también hay cines independientes, clubes de *jazz* y azoteas por explorar.

Iniciar un recorrido de bares por la zona de **Galeria de Paris,** epicentro de la vida nocturna repleto de bares y clubes. (p. 63)

Ver una película independiente o unirse a un concurso de cine en **Cinema Batalha.** (p. 65)

Asistir a un concierto en vivo en la **Casa da Música,** donde la acústica es perfecta en cualquier rincón. (p. 119; foto)

Brindar con una botella de vino a la puesta de sol en el **Jardim do Morro,** con vistas al centro histórico. (p. 98)

Dirigirse a **Maus Hábitos** para disfrutar de veladas de *drag queens,* fado o DJ alternativos. (p. 147)

Sintonizar con el **sonido del fado** en una de las casas de fado en Miragaia. (p. 86)

Dcha.: músico de fado.

LO MEJOR

Vinos

No se puede abandonar Oporto sin haber probado el vino homónimo. Si se visitan las bodegas Gaia, se puede probar el oporto, pero también hay que dejar sitio para los vinos del Duero.

Visitar las históricas bodegas de **Vila Nova de Gaia** y probar el oporto envejecido directamente de la barrica. (p. 91)

Probar vinos de cultivo ecológico del Duero, acompañados de *petiscos* (tapas) en la **Taberna Folias de Baco.** (p. 150)

Descubrir el *vinho verde* (vino verde) que se produce a las afueras de la ciudad en la **Casa do Vinho Verde.** (p. 86)

Dejarse guiar por Rafael por los intríngulis del vino portugués en las frecuentes **catas privadas de Lima's.** (p. 52)

LO MEJOR

Actividades al aire libre

Recorrer las márgenes del Duero, surcar las olas respirando la brisa atlántica o caminar por los paseos marítimos de la costa. Los más aventureros siempre encontrarán un puente al que trepar.

Surcar las olas en una clase de surf en la **Praia de Matosinhos.** (p. 141)

Navegar por el río Duero y descubrir el distrito histórico en un crucero de 1 h que zarpa del **Cais de Gaia.** (p. 98)

Alquilar una bicicleta y pedalear por el litoral en el distrito costero de **Foz do Douro.** (p. 134)

Ponerse el arnés y subir al **Ponte da Arrábida** para admirar increíbles vistas al río. (p. 112)

Passeio Alegre (p. 134), Foz Do Douro.

LO MEJOR

Compras

Ya se busque una botella de oporto o un nuevo conjunto de ropa, esta ciudad tiene de todo. Las calles están bordeadas de tiendas, antiguos ultramarinos y talleres de artesanos.

Alegrar el armario visitando las tiendas de segunda mano de la **Rua de Santa Catarina.** (p. 63)

Hacerse con un jabón aromático con un envoltorio *vintage* en **Claus Porto,** una de las tiendas más icónicas de la ciudad. (p. 53)

Conseguir viejas marcas portuguesas en **A Vida Portuguesa.** (p. 64; foto)

Comprar oporto y delicias gastronómicas en **A Pérola do Bolhão,** reconocible por su fachada de azulejos *art nouveau.* (p. 69; foto)

Descubrir prometedores diseñadores portugueses en **Lot-Labels of Tomorrow.** (p. 69)

Encontrar ropa sostenible y cerámica artesanal en **Coração Alecrim.** (p. 69)

Lo mejor para niños

Meterse en el papel de un héroe de capa y espada en el **World of Discoveries.** (p. 87)

Ver un espectáculo multimedia inmersivo en la **Igreja dos Clérigos.** (p. 58)

Subir al **tranvía nº 1** a Foz do Douro para saborear un helado, fotografiar el faro y divertirse en la playa. (p. 129)

Pasar el día en **Sealife Porto** y ver saltar los tiburones en este gigantesco acuario. (p. 139)

Relajarse en el **Parque da Cidade,** el más grande de Oporto, ideal para hacer un pícnic. (p. 140)

Lo mejor gratis

Admirar fotografías de vanguardia en el **Centro Português de Fotografia.** (p. 78)

Remontarse a los días de gloria del ferrocarril y estudiar historia portuguesa admirando los azulejos de la **estación de trenes de São Bento.** (p. 62)

Pasear por los exuberantes senderos de los **Jardins do Palácio de Cristal,** con vistas de la ciudad, junto a los pavos reales. (p. 105)

Disfrutar de la catedral de la ciudad, la **Sé,** y de las vistas panorámicas desde su azotea. (p. 38)

Cruzar el **Ponte de Dom Luís I,** de dos pisos, con vistas espectaculares de la puesta de sol y paseos junto al río. (p. 98)

Pingüinos Humboldt, Sealife Porto (p. 139).

Tres días perfectos

Tras contemplar las fachadas de azulejos y el distrito histórico junto al río, se visitan los museos y galerías de arte contemporáneo. Luego, se va a la costa para comer marisco y pasear por la playa.

Café Majestic, Rua de Santa Catarina (p. 63).

PRIMER DÍA

Si solo se dispone de un día

MAÑANA

Se empieza admirando los azulejos de la **estación de trenes de São Bento** (p. 62). Luego, se pone rumbo al casco antiguo para contemplar la **Sé** (p. 38), con aspecto de fortaleza y admirar las vistas del laberinto de calles de Ribeira.

TARDE

Se dedica a dos grandes atracciones: la **Igreja de São Francisco** (p. 40; foto), de deslumbrante estilo barroco, y al cercano y neoclásico **Palácio da Bolsa** (p. 42).

NOCHE

Al ponerse el sol sobre el Duero, se toma una mesa en el **Wine Quay Bar** (p. 52) para un aperitivo con vistas al **Ponte de Dom Luís I** (p. 45).

SEGUNDO DÍA

Un fin de semana

MAÑANA

Se empieza desayunando en la **Confeitaria Belo Mundo** (p. 66), luego se recorre la **Rua de Santa Catarina** (p. 63), deteniéndose ante la fachada de azulejos de **Capela das Almas** (p. 62; foto). Se gira a la derecha para ver el ultramarinos *art nouveau* **A Pérola do Bolhão** (p. 69).

TARDE

Se visita la **Torre dos Clérigos** (p. 58) y se asiste al espectáculo multimedia inmersivo de la barroca **Igreja dos Clérigos** (p. 58).

NOCHE

Se toman *petiscos* (tapas) y vinos naturales en la **Taberna Folias de Baco** (p. 150) antes de recorrer los bares de **Galeria de Paris** (p. 63), principal zona de fiesta.

TERCER DÍA

Una escapada

MAÑANA

Los amantes de la fotografía adorarán el **Centro Português de Fotografia** (p. 78); luego, tras un tranquilo paseo por el viejo barrio judío, se admiran las vistas desde el **Miradouro da Vitória** (p. 83).

TARDE

Se come en la familiar **Taberna Santo António** (p. 88) y luego se visita el **Museu Nacional Soares dos Reis** (p. 79), con una magnífica colección de artes plásticas y decorativas. Más arriba está la **Rua de Miguel Bombarda,** llena de galerías (p. 108).

NOCHE

Se termina el día en los **Jardins do Palácio de Cristal** (p. 105; foto) degustando un oporto en el cercano **Miradouro Ignez** (p. 115).

Con más tiempo

Se puede ir al puente que se ve desde todas partes: se cruza el **Ponte de Dom Luís I** (p. 98) y se pasea por el **Jardim do Morro** (p. 98).

Se va a la costa de Vila Nova de Gaia, y luego se visitan las bodegas de oporto **Taylor's** (p. 94) o **Sandeman** (p. 94), incluyendo una cata. Se almuerza en **Vinum** (p. 100).

Desde Ribeira, se toma el tranvía a Foz do Douro, un bálsamo tras el bullicio de la ciudad con su tranquilo paseo, jardines y cafés frente al mar, como los de la **Praia da Luz** (p. 133). Después, se toma un autobús o taxi para ver una exposición en **Serralves** (p. 131).

Se compra la cena en uno de los puestos del **Mercado Bom Sucesso** (p. 124) o se va al restaurante de la **Casa da Música** (p. 119) antes de escuchar un recital en esta vanguardista sala de conciertos.

Jardines Serralves (p. 131).

PTXGARFIELD/GETTY IMAGES ©

Una excursión

Se va en metro a **Matosinhos** (p. 138), el principal puerto pesquero de Oporto. Se visita **Conservas Pinhais** (p. 138) para conocer mejor la industria conservera.

Después, se pasea por la **Praia de Matosinhos** (p. 141) o se contrata una clase de surf. Se come en uno de los restaurantes del **mercado municipal** (p. 138) que ofrecen pescado fresco.

Se termina el día yendo en taxi a Leça da Palmeira para nadar en la **Piscina das Marés** (p. 141; foto) y cenar en la sensacional **Boa Nova Tea House** (p. 141).

En un día de lluvia

Frecuentes en Oporto, los días grises son un buen momento para visitar sus galerías y museos. Hay exposiciones contemporáneas en **Serralves** (p. 131) y una colección de artes decorativas en el **Museu Nacional Soares dos Reis** (p. 79).

Las **bodegas de oporto de Gaia** (p. 94) son todas interiores, así que ¿por qué no dedicar un tiempo a diferenciar los claros de los tintos?

Y si quedan un par de horas libres, siempre se puede pasar por **WOW** (p. 93), para rebuscar en las tiendas de recuerdos y en sus seis museos.

Prepararse

ANTES DE PARTIR

Tres meses antes Reservar el hotel, las entradas de festivales, teatro y conciertos, y las excursiones.

Un mes antes Reservar mesa en los restaurantes de moda o con estrella Michelin, especialmente para cenar los viernes y sábados.

Una semana antes Consultar la cartelera durante los días de visita en sitios web como Agenda Porto *(agenda-porto.pt).*

Costumbres

Los portuenses son muy educados. Al entrar en una tienda o restaurante, se saluda siempre con un **'bom dia'** antes de mediodía, **'boa tarde'** entre mediodía y las 19.00 y **'boa noite'** después de las 19.00. Cuando el pedido llega a la mesa, siempre hay que dar las gracias: **'obrigado/a'.** Y para pasar entre la gente (como al salir del metro), hay que usar **'desculpe'** o **'com licença'.**

El acento de Oporto

Los *tripeiros* están orgullosos de su acento, que suelen adornar con algunas palabrotas. Si se está aprendiendo portugués, no hay que sorprenderse al oír a un transeúnte soltar una frase subida de tono, es solo una manera cordial de hablar con los amigos. Dicho esto, no hay que ir maldiciendo porque sí, se considera grosero.

Conviene saber

Lunes Muchos museos cierran, así que mejor planificar la visita otro día.

'Fino' Pedir una jarra de cerveza delata inmediatamente al turista. Mejor optar por un *fino* (caña). Siempre se puede pedir otra.

Beber en la calle Está permitido, y muchos residentes prefieren comprar alcohol en una tienda para ver la puesta de sol en lugares como el Jardim do Morro y el Jardim das Virtudes.

Aperitivos Puede ser tentador abalanzarse sobre esas tapas de pan o queso que no se han pedido, pero no son gratis: o se devuelven o se pagan.

PROPINAS

No son habituales, aunque algunos lugares han empezado a incluirlas en la cuenta bajo *gratificação*.

5-10%
Restaurantes

Poco habitual
Bares y cafés

redon-deo
Taxis
Redondeo hasta el siguiente euro

Poco habitual
Personal de hotel

PRESUPUESTO DIARIO

Económico Menos de 60 €

- Dormitorio en albergue: **18-30 €**
- Habitación doble en hotel económico: **40-60 €**
- Plato del día con bebida: **15 €**
- Billete de metro sencillo: **1,40-2,25 €**

Medio Entre 60-150 €

- Habitación doble en hotel céntrico: **60-120 €**
- Comida en restaurante de precio medio: **20-40 €**
- Circuito en bicicleta de medio día: **desde 35 €**
- Visita a una bodega de oporto, con cata: **desde 15 €**

Alto Más de 150 €

- Habitación doble en hotel-*boutique:* **desde 120 €**
- Cena de tres platos con vino: **desde 40 €**
- Entrada de teatro/concierto: **15-30 €**
- Circuito por el Duero de un día: **100 €**

Moneda
Euro (€)

Idioma
Portugués

Zona horaria
Hora media de Greenwich (GMT/UTC)

TARJETA DESCUENTO

Si se planea ver varios puntos de interés, merece la pena la **Porto Card** (*booking.visitportoandnorth.travel* o escanea este código QR), que ofrece acceso gratis o entrada con descuento a más de 150 puntos de interés, incluyendo bodegas.

Cuándo ir

Sin miedo a la lluvia, cualquier época es buena. Para días despejados, lo mejor es la primavera o comienzos de otoño. En verano suele estar saturado, pero también es la principal temporada de festivales.

Cuando las nubes desaparecen y se puede cerrar el paraguas, llega la primavera con todo tipo de celebraciones, que se alargan hasta el verano, culminando en junio con festivales de música y grandes celebraciones al aire libre como la Festa de São João. Las temperaturas pueden alcanzar los 30°C en verano y son muchos los que huyen del calor rumbo a la costa. También es la época más turística y suele haber colas en los museos y principales puntos de interés. Todo se calma de octubre a febrero.

Grandes eventos

Marzo El festival internacional de cine de Oporto, **Fantasporto** *(fantasporto.com)* invade los cines independientes de la ciudad con proyecciones de ciencia ficción experimental y terror.

Mayo Los estudiantes celebran su graduación en la **Queima das Fitas** *(queimadasfitasdoporto.pt)*. El principal evento es el Cortejo Académico, en el que los estudiantes desfilan con trajes negros, tocados con coloridos sombreros y bastones que representan su grado.

Mayo/junio Los jardines de Serralves se abren de par en par durante el **Serralves em Festa** (p. 131), un festival de 50 h ininterrumpidas que invita a artistas nacionales e internacionales a bailar, cantar y actuar en su frondoso entorno. Es la mayor expresión artística del país.

Junio La noche del 23 de junio, los *tripeiros* toman las calles para celebrar la **Festa de São João** (p. 49). En un desenfrenado jolgorio, la gente se pega con martillos de juguete y lanza farolillos de

Clima

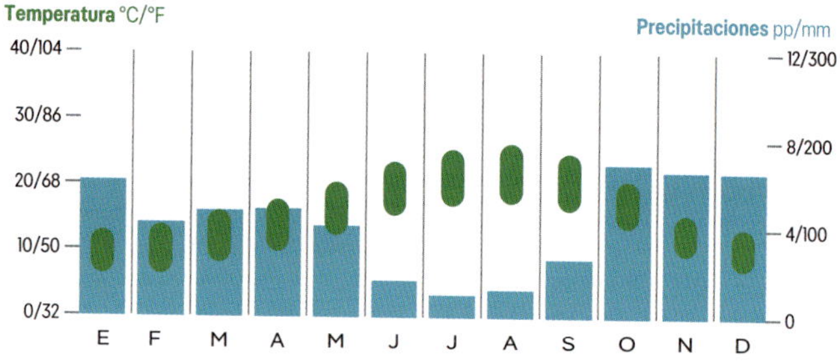

Parque da Cidade (p. 140).

papel al cielo antes de los fuegos artificiales de medianoche.

Música, vino y festivales extravagantes

Febrero En el Palácio da Bolsa, el festival de vino **Essência do Vinho** *(essenciadovinho.com)* congrega a cientos de productores de Portugal y otros países. Se eligen los 10 mejores vinos portugueses del año.

Mayo-junio Matosinhos cobra vida durante la Festa do Senhor de Matosinhos, de tres semanas, que incluye artesanía tradicional, un desfile de marionetas y el Fogo dos Bonecos, cuando miles de personas se congregan para ver arder una muñeca que da vueltas en el Jardim do Parque 25 de Abril.

Junio El **Parque da Cidade** (p. 140) se convierte en el escenario del festival de música más concurrido de la ciudad, el **Primavera Sound** *(primaverasound.com/pt/porto)*. Dura tres días y se centra en las bandas alternativas. Ha tenido invitados como Pixies y The National.

Julio Vila Nova de Gaia alberga las **Marés Vivas** *(maresvivas.meo.pt)*, cuando famosas bandas portuguesas e internacionales invaden varios escenarios a orillas del Duero.

CONSEJOS SOBRE ALOJAMIENTO

Los precios se disparan en verano, sobre todo en junio y agosto, pero si se reserva con antelación, se pueden encontrar buenas ofertas. La primavera también es cada vez más popular, por lo que otoño e invierno son ideales para evitar las masas y ahorrar dinero.

Cómo llegar

Muchos visitantes llegan directamente en avión al Aeroporto Francisco Sá Carneiro (OPO). Desde España también es posible acceder en tren o autobús, pero es poco práctico a no ser que se salga desde Galicia.

Del aeropuerto al centro

En metro

Pasada la consigna, hay que seguir los letreros hasta el metro (M). Gran parte de la red está en la superficie. Se compra un billete Andante *(2,85 €, incluyendo la tarjeta reutilizable)* en una máquina expendedora de billetes, se valida y se suben las escaleras mecánicas. Es una parada terminal, así que solo hay una dirección (Estádio do Dragão), pero probablemente habrá que cambiar en Trindade a la línea amarilla D (dirección Santo Ovídio) para las paradas céntricas como Aliados y São Bento. Circula de 6.00 a 1.00 y el trayecto hasta el centro es de unos 45 min.

En autobús

STCP *(stcp.pt)* tiene dos autobuses del aeropuerto al centro: el nº 601 y el 602, ambos con parada en Cordoaria. El nº 601 circula de 5.30 a 1.00; el nº 602 de 6.00 a 20.45. Un billete sencillo cuesta 2,50 € y se puede adquirir a bordo. El trayecto tarda 35-40 min.

En taxi o vehículo compartido

Un trayecto diurno al centro cuesta 20-25 €. La cola está fuera del vestíbulo de llegadas. Uber o Bolt puede salir un poco más barato, la carrera cuesta unos 15 €. Ambos tardan unos 30 min hasta el centro.

Otros accesos

Campanhã

Los trenes procedentes de Lisboa paran en **Campanhã,** en el lado este de la ciudad. Desde aquí se puede ir en metro a Bolhão o Trindade en el centro. También es la terminal de autobuses de la ciudad, con autobuses nacionales e internacionales de Rede Expressos *(rede-expressos.pt)* y Flixbus *(flixbus.pt)*.

São Bento

Los trenes procedentes del valle del Duero y ciudades cercanas como Aveiro y Braga llegan a la **estación de trenes de São Bento,** en el centro.

Cómo desplazarse

Oporto tiene un tamaño ideal para explorarlo a pie, pero si se prefieren evitar las colinas (hay muchas) el metro es la mejor opción. También cuenta con una fantástica red de autobuses y un puñado de tranvías históricos que llevan rápidamente a la costa, así como servicios de vehículo compartido.

Metro

La red de metro de Oporto *(metrodoporto.pt)* conecta prácticamente todos los barrios, a excepción de Massarelos y Foz do Douro, y algunas partes de la costa como Matosinhos. Hay seis líneas, de la A a la F, identificadas con letras y colores. Todas pasan por la estación de Trindade, incluyendo la E, la del aeropuerto. Desde aquí se puede cambiar a otras que van al oeste, norte y sur, a Vila Nova de Gaia.

La mayoría de los servicios termina a la 1.00 y se reanuda a las 6.00. Una nueva línea en construcción, la G rosa, conectará la Casa da Música, en Boavista, con São Bento. Su apertura está prevista para el 2025.

Autobús

La ciudad cuenta con un amplio servicio gestionado por STCP *(stcp.pt)*. Aunque es más lento que el metro, lleva a los principales puntos de interés de las afueras, como Serralves y las playas de Foz do Douro; los autobuses salen de las inmediaciones de la estación de trenes de São Bento. El servicio funciona aproximadamente de 6.00 a medianoche.

'APP' ESENCIAL

Escanea este código QR para descargar **Moovit** (también en español) para consultar los horarios de transporte y planificar trayectos.

Tranvía
STCP también gestiona las líneas de tranvía históricas. El nº 1 recorre el litoral de Ribeira a Foz do Douro. Pasa cada 20 min de 9.00 a 20.35. El 18 sirve el distrito de Massarelos y sale cada 30 min de 9.45 a 18.45. El horario varía los sábados, domingos y festivos.

Taxis y vehículos compartidos
Los taxis y vehículos compartidos (como Uber y Bolt) pueden ser útiles para trayectos nocturnos o destinos más lejanos como Foz do Douro y Afurada. Las tarifas suelen ir de 6 a 15 € desde el aeropuerto, por ejemplo.

Tren
Los trenes *(cp.pt)* salen de las estaciones de trenes de Campanhã y São Bento a Vila Nova de Gaia y el valle del Duero. Para un viaje en el tiempo, se puede subir a un viejo tren como el MiraDouro.

Transporte público

Sistema 'contactless'
Algunas paradas de metro, como las de Aeroporto (aeropuerto), São Bento, Casa da Música y Aliados, aceptan tarjetas *contactless*. Hay que buscar el símbolo y pasarla por la máquina validadora. El autobús nº 500, que va a Matosinhos, también acepta este tipo de pago. El trayecto cuesta lo mismo que un billete de zona 4, por lo que no es la opción más económica si se planea viajar por el centro (zona 2).

Abono transporte
La tarjeta Andante *(andante.pt)* es un billete multiusos que funciona en las líneas de metro, autobús y tren. Se puede comprar en las máquinas automáticas de las estaciones de metro y tren o en los quioscos de Payshop *(payshop.pt)* distribuidos por toda la ciudad. Cuesta 0,60 € y se pueden cargar varias zonas (véase más abajo). Si se prevé cambiar de zona, hay que actualizar el billete. Por ejemplo, desde el aeropuerto, no hay que comprar dos billetes, se toma uno de la zona 4 y luego se cambia a la 2 si se quiere usar el transporte público por el centro. Si no, se puede guardar tal cual para regresar el último día. Otra opción es usar la

tarjeta *contactless* para la zona 4 y la Andante para la 2. También hay una Andante 24, de 24 h (válida solo para una zona) y una Andante Tour con acceso ilimitado a todas las zonas por un período de 24 h (7,50 €) o 72 h (16 €).

Compra y validación del billete

Hay que pasar el billete por las máquinas de las estaciones de metro y tren o a bordo de los autobuses. Si se cambia de línea de metro, no hace falta volver a validarlo. Los billetes de tranvía se venden a bordo.

PRECIOS

Tarifa mínima de autobús y metro con la tarjeta Andante
1,40 €

Billete sencillo en tranvía
adultos/niños 6/3,50 €

Billete de autobús a bordo
2,50 €

VALIDAR SIEMPRE

Si no se valida el billete antes de entrar en el metro, se corre el riesgo de recibir una multa.

BILLETES

En la mayoría de los trayectos se requiere un billete Andante que engloba el centro en la zona 2. Es válido durante 1 h tras validarlo para la zona 2 o 1¼ h para la zona 4.

Tipo de billete	Zona 2	Zona 3	Zona 4
Andante Azul (billete sencillo)	1,40 €	1,80 €	2,25 €
Andante 24 (billete válido 24 h)	5,15 €	6,65 €	8,30 €

ZONAS

2 La **zona 2** es el centro de Oporto, donde se encuentran la mayoría de los puntos de interés.

3 La **zona 3** llega hasta la costa a Matosinhos.

4 La **zona 4** incluye el lado occidental hasta el aeropuerto.

Otra cara de Oporto

Figuras, flores y placas ocultas revelan lugares históricos. Hay que estar bien alerta para localizarlos.

Puertas abiertas

En el 2024 Oporto perdió una de sus tiendas de ultramarinos más antiguas, Mercearia do Bolhão. El aumento de los alquileres y la falta de clientes habituales han obligado a muchas tiendas históricas a bajar la persiana. Para ayudar a preservar estos establecimientos, el gobierno introdujo un programa llamado **Comércio com História** *(comerciocomhistoria.gov.pt)*. Los negocios que forman parte de esta red suelen identificarse con una placa negra en el exterior que dice "Porto de Tradição". Aunque, obviamente, esto no les garantiza nada, al menos los hace más visibles. La lista incluye lugares famosos como la **Livraria Lello** y el **Café Majestic,** así como joyas ocultas como la **Chapelaria Centro da Moda,** que confecciona sombreros de felpa a medida y la **Escovaria de Belomonte,** que fabrica desde brochas de afeitar a escobas.

Ángeles guardianes

En la Rua das Flores y otros puntos de la ciudad, se observa una pequeña figura de San Miguel Arcángel tallada en la fachada de los edificios. Simboliza a un clérigo que gobernó la ciudad en el s. XVI.

Joyas del 'art nouveau'

Ir en busca de los edificios *art nouveau* es toda una aventura. Ya sean las coloridas fachadas de azulejos como la de **A Pérola do Bolhão,** los escaparates embellecidos con piedra tallada como la **Casa Vicent** o un marco de ventana adornado con flores como el de la **Rua Cândido dos Reis nº 75-79** (cerca de la Livraria Lello), conviene tener la cámara a mano.

FUERA DE RUTA

Ver de cerca azulejos hechos a mano y otros materiales de construcción de las fachadas históricas de la ciudad en el **Banco de Materiais** (p. 86).

Degustar una copa de *vinho verde* (vino verde) en un palacio del s. XIX en la **Casa do Vinho Verde** (p. 86).

Visitar los talleres de cerámica distribuidos por el creativo barrio de **Bonfim** (p. 70).

Conocer los intríngulis de una fábrica conservera de sardinas en **Conservas Pinhais** (p. 138) en Matosinhos.

Café Majestic (p. 67).

A Pérola do Bolhão (p. 69).

Explora Oporto

Merece la pena

Circuitos a pie

Azulejos, Capela das Almas **(p. 62).**

Sugerencias de lugares para comer, beber y comprar en **p. 51**

Explora Ribeira

Es el barrio más cautivador de la ciudad. Su laberinto de antiguas callejas, Patrimonio Mundial, zigzaguea hasta un paseo junto al Duero con vistas privilegiadas del espectacular Ponte de Dom Luís I y las bodegas de oporto de Vila Nova de Gaia. Con sus vistas espectaculares, numerosas tiendas y restaurantes (y hordas de turistas), este barrio histórico es un Oporto de postal. Aquí también se encuentra la Sé, la catedral románica fortificada de la ciudad y la pintoresca Rua das Flores, con una sucesión de tiendas históricas como Claus y vendedores callejeros que exponen fotografías y pinturas de la ciudad.

Cómo desplazarse

Metro

La estación de São Bento es la más cercana a la Rua das Flores y la Sé. Está en la línea amarilla D, que va hasta Vila Nova de Gaia.

Autobús

Hay paradas por todo el barrio. La de Ribeira es la más céntrica.

Funicular y ascensor

Para ir a la parte alta del barrio, se puede evitar el tramo más empinado con el Funicular dos Guindais (adultos/niños 4/2 €) o el Elevador da Lada (adultos/niños 2/1 €).

Igreja de São Francisco (p. 40).
ROB VAN ESCH/SHUTTERSTOCK ©

★

LO MEJOR

CATEDRAL
Sé do Porto (p. 38)

JOYA BARROCA
Igreja de São Francisco (p. 40)

PALACIO NEOCLÁSICO
Palácio da Bolsa (p. 42)

PASEO RIBEREÑO
Cais da Ribeira (p. 46)

CALLE COMERCIAL
Rua das Flores (p. 45)

Más información
Imprescindible p. 38
Experiencias p. 46
Comer p. 51
Beber p. 52
Comprar p. 53
A
B
C
D
1
2
3
4
5
6
Museu da Misericórdia do Porto
Chaminé da Mota
Casa da Mariquinhas
Instituto dos Vinhos do Douro e do Porto
Hard Club Porto
Palácio da Bolsa
O Comercial
Jardim do Infante Dom Henrique
Igreja de São Francisco
Casa do Infante
R das Flores
R da Vitória
R São Bento da Vitória
R São Miguel
R Mouzinho da Silveira
R da Bainharia
R Santana
R de Belomonte
R Sousa Viterbo
R dos Mercadores
R de São João
R do Comércio do Porto
R Ferreira Borges
R da Bolsa
R Infante Dom Henrique
R São Nicolau
R Alfândega
R de Fonte Taurina
Cais da Estiva
R Outeirinho
R da Reboleira
R dos Mercadores

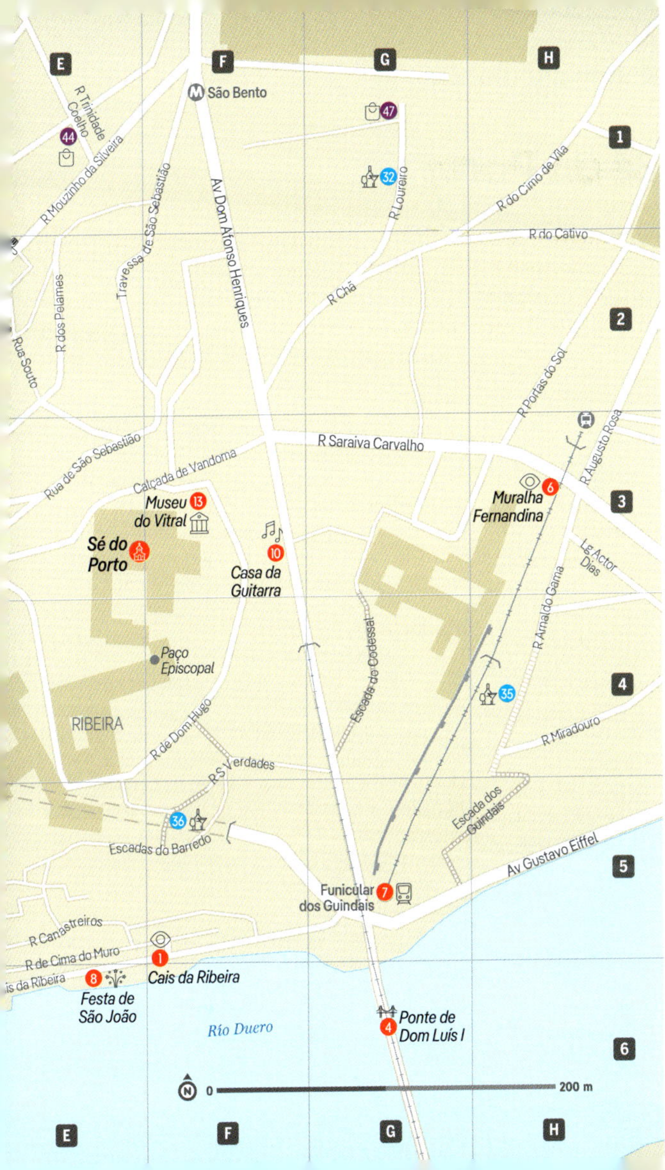
São Bento
R Trinidade Coelho
R Mouzinho da Silveira
Travessa de São Sebastião
Av Dom Afonso Henriques
R Loureiro
R do Cimo de Vila
R do Cativo
R Chã
R dos Pelames
Rua Souto
R Portas do Sol
R Augusto Rosa
R Saraiva Carvalho
Rua de São Sebastião
Calçada de Vandoma
Museu do Vitral
Sé do Porto
Casa da Guitarra
Muralha Fernandina
Lg Actor Dias
R Arnaldo Gama
Paço Episcopal
Escada do Codessal
RIBEIRA
R de Dom Hugo
R S Verdades
R Miradouro
Escada dos Guindais
Escadas do Barredo
Av Gustavo Eiffel
Funicular dos Guindais
R Canastreiros
R de Cima do Muro
Cais da Ribeira
Festa de São João
Cais da Ribeira
Río Duero
Ponte de Dom Luís I
0
200 m

★ IMPRESCINDIBLE

Sé do Porto

Elevándose majestuosamente por encima del laberinto de calles y escaleras medievales, esta imponente fortaleza sobre la colina, parte de una catedral del s. XII, fue remodelada en estilo barroco en el s. XVIII. Merece la pena apreciar las vistas desde su azotea antes de entrar a ver los claustros revestidos de azulejos.

PLANO: P. 37 **E3**

CONSEJO
La entrada a la iglesia es gratis, pero hay que pagar para el claustro y el tesoro *(adultos/niños 3 €/gratis)*. Se recomienda ir temprano o justo después de comer para evitar aglomeraciones.

Escanea este código QR para consultar los horarios.

Fachada

En una posición estratégica sobre la colina, es visible desde lejos. Desde la azotea, la panorámica alcanza, más allá de las calles y tejados del centro, hasta el Duero. La estructura está tallada en granito local y, con sus almenas y un par de robustas torres, la fachada parece una fortaleza. Todavía pueden distinguirse los contornos románicos.

Interior

La nave, de bóveda de cañón románica, y el rosetón gótico delatan las anteriores encarnaciones de la catedral. Lo más destacado es el retablo barroco de la capilla del Santo Sacramento, exquisitamente forjado en plata, la gótica capilla funeraria de João Gordo, un caballero hospitalario de la época de Dionisio I, y el bajorrelieve de bronce del escultor António Teixeira Lopes que representa la escena del bautismo de Jesucristo por Juan el Bautista.

Claustro y galería

Unos azulejos blancos y azules del s. XVIII que evocan escenas del libro bíblico *El Cantar de los Cantares* decoran alegremente las paredes del claustro gótico (foto). Es un remanso de paz, ideal para un momento de recogimiento. La galería barroca, del arquitecto italiano Nicolau Nasoni, está adornada

GIMAS/SHUTTERSTOCK ©

con más azulejos del s. XVIII de Valentim de Almeida, que relatan la vida de la Virgen.

Patios

Los patios esconden algunas joyas, como un pilar torneado, construido durante la dictadura de Salazar para amplificar la grandeza del lugar y el Chafariz de São Miguel, una fuente del s. XVIII culminada por una pequeña estatua de San Miguel Arcángel. En el recinto también se encuentra el **Paço Episcopal** *(5 €; do cerrado)*, la residencia oficial del obispo de Oporto. Subiendo la magnífica escalera de este edificio tardobarroco se pueden admirar salas multicolor llenas de muebles antiguos y ornados techos, además de contemplar las vistas desde sus numerosas ventanas.

UNA PAUSA
Bajando por la Escada das Verdades, en **Arco das Verdades** se pueden degustar distintos vinos portugueses con vistas a Gaia.

★ IMPRESCINDIBLE

Igreja de São Francisco

Desde fuera puede parecer una austera iglesia gótica, pero el interior oculta uno de los ejemplos más deslumbrantes de esplendor barroco. Apenas queda un centímetro sin decorar, con místicos querubines y sobrios monjes bañados en casi 100 kg de oro.

PLANO: P. 36 **B5**

CONSEJO
Para ver la iglesia *(adultos/niños 10/3 €)* con toda tranquilidad, lo mejor es llegar pronto cuando abre, o al atardecer en verano.

Escanea este código QR para consultar los horarios.

La nave

Colmada de vides y florituras entrelazadas, querubines suspendidos y todo ello bañado en oro, es la máxima atracción. Merece la pena fijarse especialmente en la capilla de San Juan Bautista, de estilo manuelino y en la estatua de San Francisco de Asís del s. XIII.

Árbol de Jesé

Obra de los maestros artesanos Filipe da Silva y António Gomes, este maravilloso retablo policromado (1718 y 1721) traza la genealogía de Jesucristo. Arraigado en el cuerpo yacente de Jesé de Belén, sus poderosas ramas se elevan hasta culminar cada una en uno de los 12 reyes de Judea. La Virgen reposa en una hornacina con el Niño Jesús, y debajo, una estructura de cristal protege a Nuestra Señora del Buen Viaje reclinada en un barco.

Museo de la iglesia

Situado frente a la iglesia, alberga una cuidada colección de arte sacro. Además de retratos de obispos en toda su pompa eclesiástica, hay tabernáculos, objetos de plata, cerámica y algunos bellos retablos barrocos. En la escalera del museo, destaca una pintura de 1799 de San Luis, Luis IX de Francia, obra del artista local Vieira Portuense, que

STOCKPHOTOSART/SHUTTERSTOCK

introdujo el estilo neoclásico a la pintura portuguesa. Arriba, cabe destacar la Sala de Sessões con su elaborado techo dorado y blanco y un retablo dorado que representa la Crucifixión.

Catacumbas

Siniestramente evocadoras, aquí está enterrada la flor y nata de Oporto; de hecho, antes de 1835 se enterraba a todos los portugueses en las iglesias, ya que los cementerios públicos no existían. Entre las múltiples lápidas, se pueden ver obras esculturales del maestro italiano Nicolau Nasoni y el prolífico escultor portugués António Teixeira Lopes. El osario, que exhibe miles de huesos de antiguos hermanos y benefactores, es una obra de arte escalofriante.

UNA PAUSA
La terraza del cercano **Bacalhau** brinda magníficas vistas al río y platos creativos de bacalao; o se puede probar el pescado asado de **A Grade.**

★ IMPRESCINDIBLE

Palácio da Bolsa

La visita a este palacio majestuoso evidencia claramente quien administraba el dinero de la ciudad. Construido entre 1842 y 1910, este espléndido edificio neoclásico honra a los agentes de cambio del pasado y el presente de Oporto, sus salas repletas de exquisitos murales, mosaicos y obras de arte.

PLANO: P. 36 **B5**

CONSEJO
Se recomienda hacer la visita guiada de 30 min, que empieza cada 30 min. Disponible en español; hay que consultar el horario al entrar.

Escanea este código QR para consultar precios y horarios.

Salão Árabe

La joya de la corona del palacio es el espléndido salón Árabe (foto), con un estucado repleto de diseños moriscos, bañados en unos 20 kg de oro. Inspirado en la Alhambra de Granada, innumerables arabescos decoran sus paredes y columnas policromadas que se elevan grácilmente en arcos de herradura y vitrales. Los vestigios del dominio musulmán son más notorios en el sur, por lo que una sala de este estilo en Oporto parece un poco fuera de lugar, sin embargo, la conexión árabe con el comercio y su influencia en todo el país hizo creer a los diseñadores que era buena idea recuperar el estilo. Suele albergar conciertos de música clásica.

Pátio das Nações

El patio de las Naciones es lo primero que se ve al entrar, y es una maravilla. Iluminado por una claraboya octogonal, aquí se realizaban los intercambios. Luce el escudo de armas de Portugal y los países con los que antes comerciaba, y un suelo de mosaico grecorromano inspirado en Pompeya.

Gabinete de Gustave Eiffel

En este modesto estudio amueblado trabajó el ingeniero civil y arquitecto francés Gustave Eiffel de 1875 a 1877, cuando la torre que le hizo famoso no era más que una idea. Desde aquí se ve el Ponte de

TRABANTOS/SHUTTERSTOCK ©

Dom Luís I, pero es el Ponte Maria Pia, no visible desde aquí, el que lleva su sello distintivo.

Escadaria Nobre

Magníficamente forjada en granito, la construcción de la escalera Noble duró 68 años por la dificultad en tallarla. Destacan los bustos de los renombrados escultores António Soares dos Reis y António Teixeira Lopes, un par de deslumbrantes candelabros y los frescos del techo, obra de António Ramalho.

Sala do Tribunal

Esta gran sala refleja el peso de la historia, con sus bancos de madera ricamente tallados y los vívidos murales que muestran la gran actividad comercial de la ciudad y la región.

UNA PAUSA

Se puede prolongar el esplendor palaciego con un almuerzo o cena en **O Comercial,** que ofrece sabores de estilo mediterráneo con clase.

CIRCUITO A PIE

Descubrir el centro histórico

Patrimonio Mundial de la Unesco, el centro es una maravilla de intemporal belleza ideal para pasear. Las calles adoquinadas serpentean entre antiguas tiendas de curiosidades y cafés con terraza que bullen de animación, y aquí y allá el paisaje urbano da paso a *miradouros* (miradores) que dominan la ciudad.

INICIO	FINAL	DURACIÓN
Sé do Porto (cerca de la estación de metro de São Bento)	Ponte de Dom Luís I	1,7 km; 1 h

1 Fachadas históricas

Se empieza en la **Sé,** la catedral fortificada de la ciudad. La historia resuena en su nave y claustro de estilo románico-barroco, y la terraza ofrece vistas de la ciudad.

2 La calle comercial

Se desciende por la **Rua das Flores,** una de las más cautivadoras de Ribeira, bordeada de charcuterías, cafés, *boutiques* y tiendas especializadas, todo aderezado con vibrante arte callejero. A la derecha, cerca del final se halla el **Museu da Misericórdia do Porto,** una joya barroca diseñada por Nicolau Nasoni, cuyo interior está recubierto de azulejos blancos y azules.

3 Un suntuoso palacio

A poca distancia por La Rua Ferreira Borges, se encuentra el **Jardim do Infante Dom Henrique,** flanqueado por el Mercado Ferreira Borges, del s. XIX, y la majestuosidad neoclásica del **Palácio da Bolsa.** En el centro de la plaza, se erige Enrique el Navegante sobre un pedestal.

4 La iglesia más brillante

Girando a la derecha, se llega a la **Igreja de São Francisco,** la más sublime de Oporto, gótica por fuera y con un excelso esplendor barroco en el interior.

5 Paseos a orillas del río

Pasear por el **Cais da Ribeira** es como penetrar en el alma de la ciudad. Es el Oporto de las postales, con las casas de colores de Ribeira como telón de fondo, la inmensidad del Duero delante y el jolgorio de los artistas callejeros. Coloridos *barcos rabelos* (barcos de fondo plano) se balancean frente a los cafés y restaurantes con terraza, y la grácil figura del Ponte de Dom Luís I enmarca la imagen.

6 Una pausa agradable

Al final del muelle se aprecia de cerca el **Ponte de Dom Luís I.** Se puede tomar algo en uno de los bares junto al río, o girar a la izquierda y subir por la Escada dos Guindais hasta **Guindalense,** una asociación de fútbol con bar, donde se pueden admirar las vistas desde lo alto con un *fino* (caña de cerveza) en la mano.

EXPERIENCIAS

A pie o en bici por el Cais da Ribeira

MUELLE

PLANO: 1 P. 37 **F5**

El ribereño **Cais da Ribeira** es el Oporto por excelencia, con una espectacular panorámica de la ciudad, desde las pintorescas casas color pastel, como piezas de Lego, hasta los *barcos rabelos* (de fondo plano) antaño usados para transportar las barricas de oporto por el Duero. Al atardecer, los músicos callejeros distraen a la muchedumbre, y los chefs encienden las parrillas de sus pequeños restaurantes y *tascas* de pescado ocultos bajo los viejos soportales. Desde aquí, se distinguen las bodegas en la otra orilla y el monumental Ponte de Dom Luís I, de dos pisos. Se puede pasear o pedalear por la orilla. **Blue Dragon Tours** organiza circuitos en bici *(bluedragon.pt; desde 39 €)* que conectan Ribeira con Foz do Douro (p. 129). Si se prefiere ir por cuenta propia, en **Biclas & Triclas** *(tricia.pt; desde 14 €/día)*, alquilan todo tipo de bicicletas, incluyendo eléctricas.

Crucero por el río Duero

PASEO EN BARCO

Seis puentes atraviesan el Duero, conectando Oporto con Vila Nova de Gaia (p. 91) al otro lado. La forma más cómoda y rápida de verlos es en el **Cruzeiro das 6 Pontes** ("Crucero de los seis puentes"). Zarpan varios barcos del Cais da Ribeira desde la mañana hasta la tarde. Se sube a bordo de un tradicional *barco rabelo* y se navega durante cerca de 1 h, al tiempo que se aprende la historia de la ciudad y de su vino. El circuito cuesta unos 15 € por adulto, con un descuento de la mitad de precio para los niños menores de 12 años. Si se busca un paseo rápido, el **Douro River Ferry** *(douroriverferry.com; adultos/niños 3,5/1 €)* cruza al otro lado en solo 5 min.

Comprar en las tiendas de recuerdos de la Rua das Flores

CALLE COMERCIAL

Inaugurada en 1521, la Rua das Flores se ha convertido en una de las calles comerciales más emblemáticas de la ciudad. En Claus Porto (p. 53) venden jabones con envoltorios de época, Chocolataria Equador (p. 53) ofrece chocolates artesanales, y en **Chaminé da Mota** (PLANO: 2 P. 36 **C3**) se puede rebuscar entre innumerables libros raros de segunda mano. Por el camino, vendedores ambulantes exponen sus obras de arte y fotografías.

Admirar arte religioso en el Museu da Misericórdia

IGLESIA Y MUSEO

Entre las tiendas y cafés de la Rua das Flores (p. 45), un edificio en particular atrae la atención: la **Igreja da Misericórdia** (PLANO: 3 P. 36 **C2**). Su espectacular fachada barroca, diseñada por Nicolau Nasoni, es digna de admiración,

LOS NIÑOS DEL RÍO

A menudo se ven jóvenes temerarios lanzarse al río desde el piso inferior del Ponte de Dom Luís I. Es una tradición de varias décadas y está representada en el panel de azulejos de Júlio Resende *Ribeira negra* (p. 86), inaugurado en 1986 detrás del Cais da Ribeira. El director de cine español Javier Macipe quedó tan impresionado que rodó un cortometraje sobre ello en el 2014 titulado *Os Meninos do Rio* ("Los niños del río").

pero merece la pena entrar para ver sus paredes revestidas de azulejos blancos y azules. Para acceder, hay que entrar por el contiguo **Museu da Misericórdia do Porto** *(mmipo.pt; 10 €)*.

El museo alberga una valiosa colección de arte sacro y retratos de los ss. XV a XVII. Lo más destacado es la gran pintura atribuida a Colijn de Coter, del grupo de los primitivos flamencos, *Fons Vitae*, que representa a Dom Manuel I y su familia en torno a una representación de la tradicional alegoría de Cristo en el lagar.

Otros objetos curiosos son un dispensador de palillos en forma de piña, un ocular en forma de embudo que apunta a la catedral de Oporto (p. 38) y una escultura de metal diseñada por Rui Chafes en forma de unos tentáculos que emergen del muro exterior del museo. Al salir, no hay que pasar por alto el patio, un excelente ejemplo de la arquitectura de Oporto del s. XIX, que combina hierro y cristal.

Cruzar el Ponte de Dom Luís I

PUENTE

PLANO: 4 P. 37 **G6**

Terminado en 1886 por Téophile Seyrig, discípulo de Gustave Eiffel, el **Ponte de Dom Luís I** es uno de los puntos más icónicos de Ribeira. Se puede cruzar en metro con la línea D o a pie por una de sus dos plataformas. La Avenida Vimara Peres lleva al piso superior, por donde pasa el metro, y conecta directamente con el Jardim do Morro (p. 98), un lugar popular para ver la puesta de sol.

Al piso inferior se accede desde el Cais da Ribeira. Por aquí pasa el tráfico regular, hay que tener cuidado al salir de los estrechos pasos peatonales. Ambos pisos ofrecen magníficas vistas del río y la ciudad, ¿cómo elegir la mejor opción para cruzar? El nivel inferior ofrece paseos junto al río y fácil acceso a las bodegas de Gaia (p. 94) y el superior, fantásticas ocasiones para la puesta de sol, además de vistas al Mosteiro da Serra do Pilar (p. 97).

Explorar la historia medieval en la Casa do Infante CASA MEDIEVAL

PLANO: 5 P. 36 **C5**

Cuenta la leyenda que Enrique el Navegante, que lideró las exploraciones marítimas de Portugal en el s. XV, nació en la **Casa do Infante** *(adultos/niños 5 €/gratis)* en el año 1394.

Esta casa medieval fue la primera aduana de Oporto y desempeñó un papel esencial en el desarrollo marítimo y comercial de la ciudad. Ahora convertida en museo, presenta tres plantas de exposición que engloban la historia del edificio, la evolución de la ciudad y heterogéneas colecciones adquiridas por el ayuntamiento.

Entre lo más destacado, sobresalen unos mosaicos romanos del s. IV hallados en el 2022 tras una excavación (se han cubierto con réplicas para evitar daños), un modelo en miniatura del Oporto medieval amurallado y una colección de cerámica de la antigua fábrica Miragaia.

Recorrer la Muralha Fernandina MURALLA ANTIGUA

Todavía quedan vestigios de las murallas medievales, como el lienzo de la **Muralha Fernandina** (PLANO: 6 P. 37 **H3**) en el barrio de Ribeira. Una gran torre se eleva en lo alto de la Rua de Saraiva de Carvalho y desde allí las murallas almenadas descienden hasta el río. Esta estructura del s. XIV se construyó bajo el reinado de Fernando I (de ahí su nombre) para proteger la ciudad. Se puede explorar a pie bajando por la Rua de Arnaldo Gama o subir en el **Funicular dos Guindais** (PLANO: 7 P. 37 **G5**; *adultos/niños 4/2 €*), una forma muy cómoda de evitar el ascenso si se llega desde el Cais da Ribeira (p. 46).

Asistir a la fiesta de São João FIESTA

PLANO: 8 P. 37 **E6**

Una vez al año, Oporto se llena de banderitas y martillos de plástico para celebrar una de las fiestas callejeras más desenfrenadas de Eu-

PUENTE SOBRE AGUAS TURBULENTAS

La construcción del Ponte de Dom Luís I sobre el Duero fue un hecho significativo, porque antes el tráfico peatonal de la zona pasaba por un puente de pontones. Para empeorar las cosas, por aquel entonces el río era más bravo, sin presas río arriba. Durante la invasión de Napoleón en 1809, mucha gente cayó al caudaloso río en una estampida de pánico que el puente no resistió. Cuando en 1886 se terminó la estructura del arquitecto alemán Téophile Seyrig, socio de Gustave Eiffel, batió el récord del arco de hierro más largo del mundo, con una extensión de 172 m.

ropa: la **Festa de São João.** Una de las singulares tradiciones de esta fiesta es golpear en la cabeza a quienquiera que uno encuentre atractivo con un *martelo* de juguete de plástico. Un acercamiento más sutil son los *manjericos* (tiestos de albahaca con poemas). Como es de esperar, estos ataques desbocados generan muchas risas, gritos y persecuciones insinuantes por las laberínticas calles que desembocan en el río. Los orígenes de esta *festa* aparentemente se remontan a rituales paganos para celebrar el solsticio de verano y las cosechas abundantes. Ahora, lo que abunda en las calles de la ciudad el 23 de junio son vecinos armados con martillos engullendo sardinas asadas, bebiendo *vinho,* bailando como si no hubiera un mañana y lanzando farolillos de papel al cielo nocturno.

Ir en tranvía a Foz do Douro — CIRCUITO

Si apetece ir a la costa, el tranvía nº 1 con parada en Infante, frente a la Igreja de São Francisco (p. 40), realiza un pintoresco trayecto de Ribeira a Foz do Douro (p. 129). Pasa traqueteando por el Museu do Carro Eléctrico (p. 112), situado en una antigua casa de cambio, donde se puede aprender todo sobre los tranvías históricos de la ciudad y hacerse una foto a bordo. La red de tranvías data del s. xx, y aunque actualmente hay formas más rápidas de ir a la costa (autobús o taxi), este pausado y panorámico trayecto todavía es algo especial.

Perderse por Barredo — BARRIO MEDIEVAL

Encajonado entre la orilla del río y la catedral (p. 38), el **barrio de Barredo,** con sus sinuosas callejas, solo se puede explorar a pie a través de unas antiguas escaleras de piedra. Si se quiere ver el antiguo trazado medieval de la ciudad, este es el lugar. Las laberínticas calles esconden bares, la Torre de Rua, uno de los edificios más antiguos de Oporto, y arcadas que enmarcan vistas al río. Por ahora, no existen circuitos para viajeros con movilidad reducida, pero el Elevador da Lada (Largo dos Arcos da Ribeira nº 66) deja a medio camino de la colina.

Ver un concierto en vivo — SALAS DE MÚSICA

Siguiendo el compás del fado, tradicional y melancólica canción portuguesa, se llega a la taberna **Casa da Mariquinhas** (PLANO: 9 P. 36 **D3**; *casadamariquinhas.pt*), fundada en la década de 1960, que ofrece cenas con espectáculo (consumición mínima 45 €; empiezan sobre las 20.30) o a la **Casa da Guitarra** (PLANO: 10 P. 37 **F3**; *casadaguitarra.pt*), una tienda de guitarras reconvertida en sala de conciertos que organiza conciertos de fado de 1 h con una copa de oporto *(adultos/niños 18/14 €; desde 18.00)*. Para algo más movido, se puede consultar

UN OASIS DE VERDOR
Presidido por el Mercado Ferreira Borges, de finales del s. XIX, y el neoclásico Palácio da Bolsa (p. 42), el pequeño **Jardim do Infante Dom Henrique** (PLANO: 14 P. 36 **B5**) lleva el nombre del príncipe Enrique el Navegante (1394-1460), pionero de la Era de los Descubrimientos y pionero del diseño de las carabelas, que desafió el bravío Atlántico en busca de nuevos horizontes. Una estatua suya sobre un pedestal observa a los transeúntes que llenan las praderas y los bancos entre visita y visita.

la cartelera del **Hard Club Porto** (PLANO: 11 P. 36 **B4**; *hardclubporto.com*), una sala de *rock* en el Mercado Ferreira Borges del s. XIX. Además de conciertos, organiza exposiciones de arte y obras de teatro, un pilar de la animada escena cultura de Oporto.

Probar vinos del Duero y de Oporto — CATAS DE VINO

Cuando los viticultores locales solicitan la certificación que finalmente permite etiquetar sus barricas con el término "oporto", llevan sus muestras a los laboratorios del **Instituto dos Vinhos do Douro e do Porto** (PLANO: 12 P. 36 **B4**; *ivdp.pt*), en lo alto de la colina. Los laboratorios no están abiertos al público, pero vale la pena visitar las exposiciones del vestíbulo, y en la tienda de vinos contigua se ofrecen catas autoguiadas *(desde 3,50 €)*. Se pide una tarjeta para usar la máquina de autoservicio y se paga al terminar.

Para tomarse una copa de oporto con vistas, el **Museu do Vitral** (PLANO: 13 P. 36 **F3**; *adultos/niños 8/4 €*) es un pequeño museo de vitrales (frascos de muestra) que tiene una sala de catas con vistas a la catedral. Un entorno más íntimo ofrece Lima's (p. 52), donde Rafael ilustra sobre una gran variedad de vinos del Duero, y el personal de Prova (p. 52) embarca al visitante en un viaje por todo el país.

Lo mejor para...

€ Económico €€ Medio €€€ Alto

Localizaciones en el plano de la **p. 36**

Comer

Desayunos y meriendas

Mercador Café €
15 D1
Local agradable en plena Rua das Flores, una de las más hermosas de la ciudad, que sirve *brunches* y deliciosas tostadas todo el día. *mercadorcafe.pt; 9.00-18.00 ma-sa*

Floresta Café €
16 D2
No aceptan reservas en este popular local de *brunch* especializado en panqueques y gofres, que incluso tiene uno con una salsa *francesinha* ligeramente picante a base de tomate. *8.30-16.00*

Miss Pavlova €
17 C5
Las *pavlovas* de chocolate y frutas son las protagonistas de este café cerca de la Igreja de São Francisco. *misspavlova.pt; 9.30-18.00*

Comida casera

Taberna dos Mercadores €€
18 D5
Los chefs llevan las riendas de esta taberna de luz tenue decorada con hileras de botellas. Soberbios platos portugueses con una sonrisa de mediodía a la noche. *facebook.com/tabernamercadores; 12.30-22.30 ma-do*

Cantina 32 €€
19 C2
Aquí los platos se miden según el hambre. Se puede pedir una selección de aperitivos para compartir o zamparse un copioso filete de ternera o un estofado de gambas. *cantina32.com; 12.30-15.00 y 18.30-22.00 lu-sa*

'Petiscos'

Taberna do Largo €
20 B3
Agradable taberna que ofrece una fantástica selección de vinos elegidos a conciencia que maridan de maravilla con fuentes de ensalada de bacalao, queso y embutidos. *facebook.com/tabernadolargo; 17.00-24.00 ma-vi, 12.00-24.00 sa y do*

Mercearia das Flores €
21 D2
Charcutería rústico-elegante que sirve *petiscos* (tapas) elaboradas con productos ecológicos y brebajes locales como té Camélia y cerveza Sovina todo el día. *merceariadasflores.com; 12.30-21.30*

Voltaria €
22 E1
Pastel de nata de bacalao y profiterol de atún son solo algunos de los manjares creativos que sirven en este innovador local junto a la Rua das Flores. *facebook.com/petisqueiravoltaria; 12.00-16.00 y 18.30-22.00 lu, ma y ju-sa*

Jimão €€
23 D5
Con una encantadora terraza sobre el río, es ideal para relajarse con una copa de vino y unos *petiscos* como gambas al ajillo. *18.00-22.00 ma-sa*

Alta cocina

Cantinho do Avillez €€

24 D3

El famoso chef José Avillez dirige este contemporáneo bistró que sirve platos portugueses de temporada con un toque moderno. *cantinho doavillez.pt; 12.30-23.00*

DOP €€€

25 B3

El chef Rui Paula añade un sabor estacional a los menús degustación, con una variedad de seis a catorce platos, incluyendo opciones veganas. *doprestaurante.pt; 19.00-22.00 ma-sa*

Ode Porto Wine House €€€

26 C6

Hay que reservar para comer en este refugio cerca del río que realza ingredientes procedentes de todo el país. *facebook.com/odeportowinehouse; 18.30-21.30 ma-sa*

Cozinha das Flores €€€

27 B3

El autor de libros de cocina y chef londinense Nuno Mendes rinde homenaje a sus raíces portuguesas en este apacible restaurante que combina técnicas de cocina tradicionales y modernas. *cozinhadasflores.com; 12.00-15.30 y 18.00-24.00*

Comida vegetariana

daTerra €

28 E2

La transición de Oporto hacia una comida más ligera y saludable se refleja en el *brunch* y el bufé que sirven aquí. Ofrece una mezcla de tostadas, zumos recién exprimidos y dulces veganos. *daterra.pt; 9.00-22.30*

Festines de marisco

Bacalhau €€

29 A6

No hay nada mejor que sentarse en la terraza para admirar el río mientras se degustan *petiscos* portugueses y un festín de platos de bacalao. *12.00-22.00*

A Grade €€

30 B6

Taberna sencilla que sirve generosas porciones de pulpo asado, carrilleras de cerdo a la brasa y arroz con marisco. *12.00-16.00 y 18.00-22.30 lu-sa*

Escama €€€

31 D2

En este local sirven de todo, desde ostras a pulpo a la parrilla y bacalao salteado. *escamaporto.com; 12.30-15.00 y 19.00-22.30*

Beber

Bares de vinos y catas

de Lima's

32 G1

Rafael explica cómo encontrar el vino portugués ideal para cada paladar. *rafaeldelima.com; 45 €; catas 15.00, 18.00 y 21.00*

Prova

33 B4

Sirven *vinho* por copas, incluyendo un vigoroso Douros, un Dãos con cuerpo y frescos blancos del Alentejo. *prova.com.pt; 17.00-1.00 ju-lu*

Wine Quay Bar

34 C6

Magnífico bar de vinos junto al Duero con excelentes vistas de la puesta de sol desde la terraza, mientras se saborea una copa. *winequaybar.com; 16.00-23.00 lu-sa*

Una copa con vistas

Guindalense

35 H4

Esta asociación de fútbol con bar es el lugar ideal para tomarse una ronda de *finos* (caña de cerveza) con vistas al Ponte de Dom Luís I. *12.00-22.00 lu-ju, hasta 24.00 vi, 13.00-24.00 sa*

Arco das Verdades

36 F5

Agradable bar de vinos con vistas al Duero, en pleno barrio de Barredo. *arcodasverdades.pt; 14.00-22.00 vi-ma*

Café y cócteles

Fábrica Coffee Roasters

37 E2

Café recién hecho, pastas y sin wifi, es una agradable escapada del frenesí urbano. *fabricacoffee roasters.com; 9.00-17.00*

Curioso Cocktail Bar

38 B4

Si apetece una copa temprana, este local ofrece una fantástica selección de cócteles a base de oporto, además de una buena reserva de *whisky. curiosock.com; 17.00-1.00*

Comprar

Artesanía y artículos del hogar

Claus Porto

39 C3

Desde 1887, es famoso por sus aromáticos jabones cuidadosamente envueltos en envoltorios clásicos de colores. *claus porto.com; 10.00-19.00*

Loja das Tábuas

40 B3

Como su nombre indica, está especializado en *tábuas* (tabla de cortar) de roble portugués de calidad de todas formas y tamaños. *lojadastabuas.pt; 10.00-14.00 y 15.00-19.00*

Burel

41 C3

La lana portuguesa se moderniza en esta tienda de dos plantas que vende de todo, desde mantas a monederos y chaquetas. *burelfactory.com; 10.00-20.00 lu-sa, 10.30-19.00 do*

Zinda Atelier

42 B4

Puede verse a la ceramista portuense Adosinda Pereira elaborando sus últimas creaciones en su taller de Ribeira. *zindaartist.wixsite.com/zindaartist; 14.30-18.30 lu, ma, ju y sa*

Comida y vino

Loja das Conservas

43 D2

Tienda revestida de estanterías rebosantes de llamativas latas de atún, *bacalhau* (bacalao salado) y sardinas al natural y picantes. *11.00-19.00*

Chocolataria Equador

44 E1

Hermosas chocolatinas portuguesas, trufas (incluyendo variedades de delicioso chocolate negro con porto), pralinés, *macarons* y bombones decoran la tienda. *cacaoequador.pt; 11.00-14.00 y 14.30-19.00*

Garrafeira Nacional

45 C2

Un clásico de la capital que hizo el salto a Oporto en el 2024, ofrece estantes llenos de vino portugués y bebidas tradicionales como *ginjinha* (licor de cereza). *garrafeiranacional.com; 10.00-21.00*

Arte moderno

Suuuper

46 C4

La arquitecta e interiorista Diva ha seleccionado algunas de las principales mentes creativas portuguesas en su tienda conceptual, combinando cerámica con estampados y otros objetos de estilo de vida. *suuuper.pt; 13.00-18.00 ma-vi, 11.00-18.00 sa*

Squid Ink Works

47 G1

Tienda independiente y colectivo artístico especializado en ilustraciones, fotografía y grabados de artistas radicados en Oporto. *instagram.com/squidinkworks; 10.00-17.30 lu-sa*

Sugerencias de lugares para comer, beber y comprar en **p. 66**

Explora
Aliados y Bolhão

Este animado barrio esconde *boutiques*, antiguas tiendas de comestibles, cafés con terraza e iglesias barrocas de brillantes azulejos en sus callejas. Aquí es donde los residentes acuden a comprar, comer y divertirse y, al caer la noche, la zona de ocio nocturno de Galeria atrae a los más fiesteros con sus bares de estilo clandestino, locales de música en vivo y elegantes coctelerías. La hermosa estación de trenes de São Bento, decorada con azulejos, rememora escenas pasadas de despedidas con guantes de encaje, la Avenida dos Aliados cobija edificios *beaux-arts* y la barroca Torre dos Clérigos ofrece vistas panorámicas de la ciudad.

Cómo desplazarse

Metro
Las estaciones de Trindade, Aliados y São Bento (línea D amarilla) dan acceso a los principales bulevares del barrio, pero la de Bolhão (líneas A, B, C, E y F) es la más cercana al Mercado do Bolhão.

Autobús
Varias líneas convergen en el extremo norte de la Avenida dos Aliados y en los alrededores del Jardim da Cordoaria, cerca de la Torre dos Clérigos.

Mercado do Bolhão (p. 62).
KERRY MURRAY/LONELY PLANET ©

★ **LO MEJOR**

TORRE BARROCA
Torre dos Clérigos (p. 58)

ESTACIÓN CON AZULEJOS
Estación de trenes de São Bento (p. 62)

MERCADO DE ALIMENTOS
Mercado do Bolhão (p. 62)

LIBRERÍA SUNTUOSA
Livraria Lello (p. 62)

VIDA NOCTURNA
Galeria de Paris (p. 63)

A
B
C
D
1
2
3
4
5
6
CEDOFEITA
Praça Coronel Pacheco
R Mirante
R Mártires da Liberdade
R do Almada
R do Pinheiro
R Dr Ricardo Jorge
R Clube dos Fenianos
R da Trindade
R Fernandes Tomás
R da Conceição
Tv de Cedofeita
R da Picaria
R do Bonjardim
Brasão Aliados
Praça General Humberto Delgado
R Ramalho Ortigão
Workshops Pop Up
R Formosa
R Rodrigues Sampaio
Praça Carlos Alberto
R de Cedofeita
R Sá Noronha
R José Falcão
ALIADOS
Aliados
R de Ceuta
Praça Dona Filipa de Lencastre
Av dos Aliados
Teatro Municipal Rivoli
Praça Gomes Fernandes
R Sta Teresa
R da Fábrica
R Dr Magalhães Lemos
Praça Dom João I
Avenida dos Aliados
Casa do Livro
Galeria de Paris
Rua da Galeria de Paris
Livraria Lello
Plano B
Praça Parada Leitão
R Cândido dos Reis
R das Carmelitas
R Conde de Vizela
R Sampaio Bruno
Praça da Liberdade
Teatro Sá da Bandeira
Praça de Lisboa
R dos Clérigos
Praça Almeida Garrett
R 31 de Janeiro
Barracuda Rock Club
R da Madeira
Jardim da Cordoaria
Igreja dos Clérigos
Torre dos Clérigos
R Trindade Coelho
Estación de trenes de São Bento
São Bento
Time Out Market
A Vida Portuguesa
R dos Caldeireiros
R São Bento da Vitória
R da Vitória
R das Flores
R Mouzinho da Silveira
Av Dom Afonso Henriques
R Loureiro

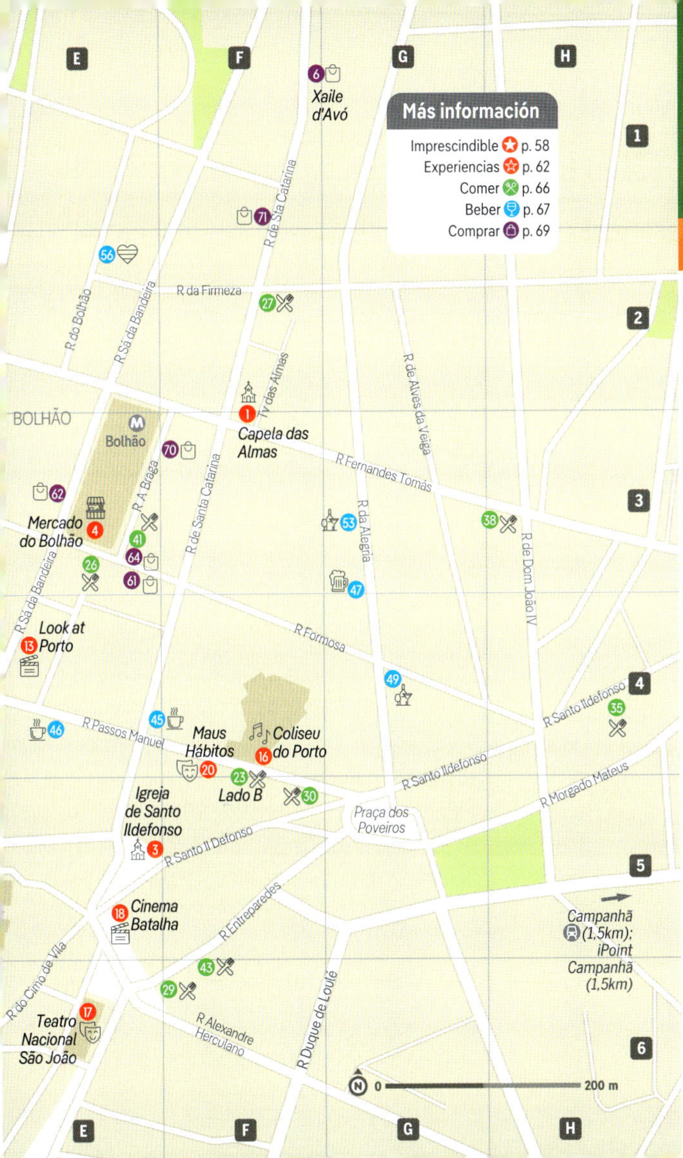
Más información
Imprescindible p. 58
Experiencias p. 62
Comer p. 66
Beber p. 67
Comprar p. 69
Xaile d'Avó
R de Sta Catarina
R da Firmeza
R do Bolhão
R Sá da Bandeira
Tv das Almas
BOLHÃO
Bolhão
Capela das Almas
R Fernandes Tomás
R de Alves da Veiga
R A Braga
R de Santa Catarina
Mercado do Bolhão
R da Alegria
R de Dom João IV
R Sá da Bandeira
Look at Porto
R Formosa
R Santo Ildefonso
R Passos Manuel
Maus Hábitos
Coliseu do Porto
R Santo Ildefonso
R Morgado Mateus
Lado B
Igreja de Santo Ildefonso
Praça dos Poveiros
R Santo Il Defonso
Cinema Batalha
R Entreparedes
Campanhã (1,5km); iPoint Campanhã (1,5km)
R do Cimo de Vila
Teatro Nacional São João
R Alexandre Herculano
R Duque de Loulé
0
200 m

★ IMPRESCINDIBLE

Clérigos

Elevándose sobre la silueta urbana como un pulgar herido, aunque de bello estilo barroco, la Torre dos Clérigos se ha convertido en una de las imágenes más icónicas de la ciudad. La contigua Igreja dos Clérigos data de la misma época, pero se ha reinventado como sala de conciertos y espectáculos multimedia.

PLANO: P. 56 **B5**

CONSEJO
La **Igreja dos Clérigos** es gratis, pero los espectáculos inmersivos y la **Torre dos Clérigos** son de pago. La entrada combinada permite ahorrar un par de euros.

Escanea este código QR para consultar horarios y entradas en línea.

Una iglesia con carácter

El italiano Nicolau Nasoni diseñó la **Igreja dos Clérigos** (foto). Fue su primera obra maestra en una ciudad que acabaría adoptándolo como uno de los suyos con el apodo "el arquitecto de Oporto". La espectacular fachada esconde una inusual nave ovalada, como un huevo de Fabergé, con sus muros de mármol rosa oscuro, profusión de querubines y altar dorado. Cada día se celebran conciertos de órgano gratuitos y por la noche los muros se transforman en un lienzo donde se proyecta el inmersivo espectáculo multimedia **Spiritus Porto** *(spiritus porto.com; adultos/niños 10 €/gratis)*, inspirado en versos del poeta portugués Fernando Pessoa.

Vistas vertiginosas

Aunque no se entre en la **Torre dos Clérigos** *(adultos/niños 8 €/gratis)*, es inevitable toparse con ella en algún momento, ya sea admirando la ciudad desde uno de los numerosos miradores o desde la Praça da Liberdade. La estructura de 76 m de alto fue diseñada por Nicolau Nasoni a mediados del s. XVI. En lo alto de la escalera helicoidal de 225 escalones esperan fabulosas vistas de los chapiteles y tejados de Oporto, más allá del meandro del Duero, hasta las bodegas de Gaia. Una exposición relata la historia de sus arquitectos y residentes.

AGSAZ/SHUTTERSTOCK ©

Para evitar las aglomeraciones, lo mejor es visitarla por la tarde. En verano y festivos especiales como Navidad y Pascua, aplican descuentos después de las 19.00.

La Hermandad

La Hermandad de los Clérigos se estableció en Oporto en 1707, mucho antes de que se erigiera la torre. El **Museu dos Clérigos,** que ocupa áreas que antes eran privadas, como la sala de la caja fuerte, la oficina de registro y la antigua enfermería, permiten conocer mejor su historia. Alberga una colección de objetos de los ss. XIII a XX, con pinturas, esculturas y muebles antiguos.

UNA PAUSA
En **Base,** en la galería comercial Passeio dos Clérigos, se puede tomar algo disfrutando de vistas a la torre.

CIRCUITO A PIE

Paseo por Aliados y Bolhão

En este paseo desde la monumental Avenida dos Aliados a la zona de ocio de Galeria de Paris, se podrá escuchar la cháchara al pasar por una de las mejores tiendas tradicionales de ultramarinos, admirar exquisitas iglesias barrocas y góticas, subir a una torre con vistas y visitar la suntuosa librería Lello.

INICIO	FINAL	DURACIÓN
Avenida dos Aliados (cerca de la estación de Aliados)	Galerias de Paris	2,5 km; 1½ h

1 El gran bulevar

París tiene los Champs Élysées y Oporto, la **Avenida dos Aliados,** un majestuoso bulevar construido a lo grande con mármol pálido y granito con todo el ornato *beaux-arts*. La atracción principal, la *câmara municipal* (sala municipal), está coronada por una torre de 70 m.

2 Un ultramarinos tradicional

Se gira a la derecha por la Rua Formosa y enseguida aparece una de las fachadas de tienda *art nouveau* más ornamentadas de la ciudad, **A Pérola do Bolhão.** Este ultramarinos tradicional abrió sus puertas en 1917 y está repleto de quesos, embutidos, aceitunas, frutos secos, frutos deshidratados y vino. Un poco antes, a la izquierda se halla el Mercado do Bolhão, el más antiguo de la ciudad.

3 Capilla pintoresca

En la concurrida y peatonal Rua de Santa Catarina, la vista se desvía hacia la **Capela das Almas,** del s. XVIII, con llamativos frisos de azulejos blancos y azules que decoran la fachada.

4 Plaza mayor

Bajando hacia el sur, en la gran **Praça da Batalha** se alza la espléndida y barroca Igreja de Santo Ildefonso, cubierta de azulejos. Por el camino, el Teatro Nacional São João, copia idéntica del Palais Garnier de París en miniatura, atrae la atención, así como el Cinema Batalha, de estilo *art déco*.

5 Mirador icónico

Tras recorrer la Rua 31 de Janeiro, se prosigue por la Praça da Liberdade, dominada por la estatua ecuestre de un apuesto Pedro IV. Se sale ante la torre barroca de Nicolau Nasoni, la **Torre dos Clérigos.** En lo alto de la escalera helicoidal de 225 escalones esperan espléndidas vistas.

6 Suntuosa librería

Se cruza la Praça de Lisboa, con parada obligada en **Livraria Lello,** una original librería neogótica inaugurada en 1906 al pie de la zona de Galeria, llena de bares. Su cautivador interior, con una vidriera en el techo y una escalera de caracol, parece sacado del universo de Harry Potter.

7 Zona de fiesta

Para terminar el día, se recorren los bares y clubes de la Rua da Galeria de Paris (p. 63) o se sube a la Rua de José Falcão para degustar cócteles creativos en **Torto.**

EXPERIENCIAS

Ir en busca de azulejos

FACHADAS CON AZULEJOS

La ciudad comprende una panoplia de edificios adornados con llamativas fachadas de azulejos blancos y azules, ideales para una sesión de fotos. Y lo mejor de todo es que no hay que pagar para verlas. Como la **Capela das Almas** (PLANO: 1 P. 57 **F3**), con su inmensa fachada cubierta con 16 000 azulejos (sorprendentemente, hay muy pocos en el interior). Dentro de la **estación de trenes de São Bento** (PLANO: 2 P. 56 **D5**) se puede conocer la historia de Portugal a través de varios paneles del célebre pintor portugués Jorge Colaço que adornan el vestíbulo de entrada. En las escaleras de la **Igreja de Santo Ildefonso,** del s. XVIII (PLANO: 3 P. 57 **E5**; *santoildefonso.org*) otros paneles describen episodios de la vida de San Ildefonso. También son de Colaço, como los de la estación. Si se quiere explorar el interior, hay que pagar 1 €.

Comprar en el Mercado do Bolhão

MERCADO TRADICIONAL

PLANO: 4 P. 56 **E3**

Del s. XIX, el **Mercado do Bolhão** *(mercadobolhao.pt)* es el más antiguo de la ciudad. Tras cuatro años de reformas, reabrió en el 2022 con un elegante aspecto moderno que no agradó a todo el mundo. Pero, a diferencia de otros mercados reconvertidos en zonas de restauración, este se mantiene bastante auténtico: los floristas se codean con vendedores de fruta y verdura, puestos de café de especialidad y ostras. Y en la planta superior, se han instalado restaurantes especializados en marisco, cochinillo y platos vegetarianos. Los interesados en conocer el pasado del mercado y a sus agradables tenderos pueden hacer una visita guiada *(adultos/niños 12/6 €)* los miércoles, viernes o sábados.

Abrazar la magia en Livraria Lello

LIBRERÍA

PLANO: 5 P. 56 **A4**

Aunque no se compre nada, merece la pena visitar la **Livraria Lello** *(livrarialello.pt),* una exquisita creación neogótica de 1906 con una vidriera en el techo y un enlucido lujosamente labrado que parece madera. Aquí se percibe la magia. Dicen que la sinuosa escalera con intricados forjados inspiró a las de Hogwarts y Flourish & Blotts de los libros de Harry Potter, parte de los cuales J. K. Rowling escribió en Oporto entre 1991 y 1993, cuando ejercía de profesora de inglés. Al parecer, la autora jamás puso los pies en la librería, pero los fans de la saga (y lectores en general) siguen haciendo cola para fotografiarse en este fascinante interior. La entrada de 8 € se descuenta si se compra algo.

De compras por la Rua de Santa Catarina CALLE COMERCIAL

Una de las calles comerciales más largas de la ciudad concentra todas las franquicias populares (como Zara y H&M). Pero en medio de todas ellas se esconden interesantes tiendas de segunda mano. En **Xaile d'Avó** (PLANO: 6 P. 57 **F1**; *xailedavo.pt*) venden prendas recicladas con estilo; en O'Kilo (p. 69), ropa al peso; por la zona también hay varios locales de **Humana** *(humana-portugal.org)*, como uno dedicado a artículos de época en la paralela Rua de Alexandre Braga.

Vivir la Belle Époque en la Avenida dos Aliados AVENIDA

PLANO: 7 P. 56 **C4**

Bordeada de desmesuradas fachadas *beaux-arts* y la majestuosa *câmara municipal* en un extremo, la **Avenida dos Aliados** tiene cierto aire parisino. La plaza central suele albergar eventos temporales como desfiles y conciertos, y es aquí donde se planta el gran árbol de Navidad. También es el punto de encuentro oficial de los fans del equipo de fútbol FC Porto (p. 73) cuando gana un torneo.

Recorrer los bares y clubes de Galeria de Paris OCIO NOCTURNO

Si se pregunta a un *tripeiro* donde está la marcha, probablemente dirá que en Galeria de Paris, el centro de ocio nocturno en torno a la Rua da Galeria de Paris y la Rua Cândido dos Reis. Desde bares de ambiente retro a bohemio, y de urbano moderno a alternativo, los fines de semana son un hervidero que desborda las calles. Un buen comienzo es La Bohème (p. 68), con tapas y una copa de vino, para pasar luego por **Galeria de Paris** (PLANO: 8 P. 56 **B4**; *facebook.com/restaurantegaleriadeparis*), un clásico de la zona lleno de adornos de época, o el **Royal Cocktail Club** (p. 69), donde sirven cócteles en una elegante barra de mármol. Para continuar la fiesta, en **Plano B** (PLANO: 9 P. 56 **B4**; *facebook.com/pg/planobclub*) la acción se distribuye en dos plantas y los DJ pinchan de todo, desde *electro* a *R&B*, y en **Casa do Livro** (PLANO: 10

REPIQUE DE CAMPANAS

En la esquina de la Rua de Santa Catarina con la Rua de Passos Manuel hay un curioso reloj. Cada tres horas de 9.00 a 18.00, sus campanas tocan una melodía durante la cual desfilan cuatro figuras asociadas a la ciudad: el bienamado São João, celebrado con la mayor fiesta de la ciudad en verano (p. 49); el infante Don Enrique, el príncipe que inició las expediciones marítimas del país; el poeta local Almeida Garrett y Camilo Castelo Branco, autor de *Amor de perdição*, una novela romántica que escribió cuando estaba encarcelado en la Cadeia da Relação do Porto, ahora Centro Português de Fotografia.

P. 56 **B4**; *facebook.com/casadolivro porto*), una librería transformada en bar, se puede escuchar *jazz* y soul.

Puestos de comida del Time Out Market

MERCADO GASTRONÓMICO

Abierto en mayo del 2024, el **Time Out Market** (PLANO: 11 P. 56 **D5**; *timeoutmarket.com/porto*) ocupa la parte trasera de la estación de trenes de São Bento (p. 62). Este popular mercado gastronómico que conquistó la capital hace ya diez años, ahora se aventura en el norte, invitando a chefs locales como Vasco Coelho Santos (del aclamado restaurante con estrella Michelin Euskalduna Studio, p. 66) y Ricardo Costa al frente del Yeatman (p. 100), un clásico de Vila Nova de Gaia con dos estrellas Michelin) a seleccionar los puestos. En lo alto de la torre panorámica que recuerda una nave espacial, diseñada por el arquitecto portuense Souto de Moura, hay un bar de vinos y, en la planta baja, la tienda **A Vida Portuguesa** (PLANO: 12 P. 56 **D5**), un lugar perfecto para comprar recuerdos tradicionales, como la apreciada marca Claus.

Un vuelo virtual sobre Oporto

CINE 5D

PLANO: 13 P. 57 **E4**

Para sobrevolar virtualmente la ciudad, hay que ir al cine 5D **Look at Porto** *(lookatporto.pt; adultos/niños 9/6 €)*. Revela ángulos nunca

Capela das Almas (p. 62).

vistos a ras de suelo, con efectos especiales añadidos, como movimientos de butaca, chorros de agua y diferentes aromas que dan vida a la ciudad. Es una divertida atracción sensorial y un éxito familiar asegurado.

Disfrutar de una velada cultural

TEATROS Y CINES

Ya sea una tranquila sesión de cine, una gran representación teatral o un concierto en vivo, en esta parte de la ciudad no faltan las ocasiones para disfrutar de una velada cultural. El teatro más antiguo de la ciudad, el **Teatro Sá da Bandeira** (PLANO: 14 P. 56 D4; *teatrosadabandeira.pt*), inaugurado en 1846, todavía sigue ofreciendo espectáculos (normalmente comedias). Pero la oferta es amplia, como el **Teatro Municipal Rivoli,** de estilo *art déco* (PLANO: 15 P. 56 D4; *teatromunicipaldoporto.pt*), el **Coliseu do Porto** (PLANO: 16 P. 57 F4; *coliseu.pt*), sede de grandes conciertos y producciones de danza, o el neoclásico **Teatro Nacional São João** (PLANO: 17 P. 57 E6; *tnsj.pt*), que programa obras clásicas de autores como Arthur Miller. Los cinéfilos pueden dirigirse al **Cinema Batalha** (PLANO: 18 P. 57 E5; *batalhacentrodecinema.pt*) o al **Cinema Trindade** (PLANO: 19 P. 56 C2; *cinematrindade.pt*). Y si se buscan espectáculos más alternativos, habrá que consultar la cartelera de **Maus Hábitos** (PLANO: 20 P. 57 F4; *maushabitos.com*) o **Barracuda Rock Club** (PLANO: 21 P. 56 D5; *facebook.com/Barracudaclubederoque*).

LAS MEJORES EXPERIENCIAS GASTRONÓMICAS

Workshops Pop Up

PLANO: 22 P. 56 C3

Sus talleres de cocina de 3 h *(workshops-popup.com; 55 €)* terminan con un almuerzo o cena con maridaje de vinos.

Taste Porto

En estos fantásticos circuitos gastronómicos del centro *(tasteporto.com; desde 69 €)* se puede probar de todo, desde el mejor bocadillo de cerdo asado de la ciudad a pastelitos *éclair*, vinos, quesos y café.

Gazela

Sirven *cachorrinho* (versión portuense del perrito caliente) a la hambrienta clientela desde 1962. (p. 66)

Café Santiago

Capas de carne embutidas entre rebanadas de pan, cubierto de queso fundido y salsa de tomate: es la *francesinha*, el sándwich típico de Oporto. Café Santiago (p. 66) es un clásico, pero **Lado B** (PLANO: 23 P. 57 F5) y **Brasão Aliados** (PLANO: 24 P. 56 C3) también son recomendables.

SUGERENCIAS

Lo mejor para...

Localizaciones en el plano de la **p. 56**

€ Económico €€ Medio €€€ Alto

Comer

Desayunos y 'brunches'

O Diplomata €
25 B4
Paraíso del panqueque, con ingredientes dulces y salados, además de sabrosas ensaladas, tostadas, boles de *açaí* y zumos recién hechos. *facebook.com/odiplomatabar; 9.00-19.00 ma-sa, hasta 15.30 dov*

Confeitaria do Bolhão €
26 E3
Este centenario café frente al Mercado do Bolhão sirve desayunos portugueses tradicionales. *confeitariadobolhao.com; 6.00-20.00 lu-vi, 7.00-19.00 sa*

Confeitaria Belo Mundo €
27 F2
Su especialidad es el *lanche* (brioche dulce) relleno de jamón y queso o verduras. *7.00-20.00 lu-sa*

Tabernas tradicionales

Conga €
28 D3
Hay que probar estas jugosas *bifanas* (bocadillos de filete de cerdo guisado en salsa picante). *11.30-22.00 lu-sa*

Gazela €
29 F6
Famoso por su *cachorrinho*, un perrito caliente servido en una *baguette* tostada cortada en porciones. *cervejariagazela.pt; 12.00-22.30 lu-sa*

Café Santiago €
30 F5
Aquí sirven medias porciones o enteras del plato típico de Oporto, la *francesinha*. *cafesantiago.pt; 12.00-22.45 lu-sa*

Flor dos Congregados €€
31 D4
El olor del solomillo de cerdo asado atrae a esta agradable taberna especializada en cocina portuguesa. *flordoscongregados.pt; 12.00-15.00 y 19.00-22.00 ju-sa, 19.00-22.00 lu-mi*

'Petiscos'

Rua Tapas €
32 A3
Con música en vivo cada noche, este local de tapas es ideal para un tentempié tardío y cócteles con amigos. *ruatapas.com; 19.30-24.00*

Coupage 51 €
33 A2
Es pequeño, pero vale la pena apretujarse, aunque sea en la barra, para disfrutar de deliciosos *petiscos* (tapas) de estilo mediterráneo. *instagram.com/coupage51; 18.00-24.00 ju-ma*

Tapabento €
34 D5
Paredes de piedra, cuadros luminosos y mesas apelotonadas preparan el terreno de las excelentes tapas y vinos del Duero, ideales para compartir. *tapabento.com; 12.00-15.00 y 19.00-22.00 mi-do*

Alta cocina

Euskalduna Studio €€€
35 H4
Solo 16 afortunados comensales pueden degustar los impresionan-

es menús de 10 platos de /asco Coelho Santos que ealzan sabores y texturas. *euskaldunastudio.pt; 9.00-20.30 ma-ju, 13.00 5.00 y 19.00-20.30 vi y sa*

Flow €€

36 A3

Enormes lámparas de mimbre procuran una agradable iluminación al comedor de paredes de ladrillo de este edificio neoárabe elegantemente remodelado que sirve platos de inspiración mediterránea. *flowrestaurant.pt; 19.00-24.00 do-ju, hasta 1.00 vi y sa*

MUU €€€

37 C4

Los huevos a la escocesa caseros y la cremosa burrata son el preludio del plato principal: un entrecot frotado con ajo, por ejemplo, o un tierno filete de Black Angus. *muusteakhouse.com; 18.00-24.00*

Veganos y vegetarianos

Venn Canteen €

38 H3

Se puede elegir entre un almuerzo tipo caja bento los domingos o una selección de platos totalmente veganos para compartir. *19.00-22.00 lu-vi, 12.00-15.00 y 19.00-23.00 sa*

Nem Carne Nem Peixe €€

39 C3

Platos de origen vegetal inspirados en la cocina portuguesa, como una versión del estofado de tripa tradicional de Oporto con judías blancas y gírgolas. *ncnp.pt/en; 12.00-15.00 y 19.00-24.00 lu-sa*

Dulces

Gelataria Portuense €

40 D4

Ana es la reina del helado en este local que sirve bolas de chocolate negro, vino de Oporto, Earl Grey o lima. *gelatariaportuense.pt; 12.00-24.00*

Manteigaria €

41 E3

Esta panadería confecciona los mejores *pastéis de nata* (tarta de crema) de la ciudad, servidos calientes recién salidos del horno. Se puede ver a los panaderos trabajar en la cocina. *manteigaria.com; 8.00-21.00 lu-sa, hasta 20.00 do*

Leitaria da Quinta do Paço €

42 A4

Desde 1920, este café-pastelería sirve etéreos pasteles *éclair* de múltiples sabores, desde limón a caramelo y chocolate negro. *leitariadaquintadopaco.com; 9.00-20.00*

Florbela Pâtisserie €

43 F6

En el hotel Torel Palace, este café de temática literaria con un techo de libros flotantes sirve pastas de inspiración francesa. *florbela.com.pt; 11.30-23.00*

Beber

Café

Artista

44 D2

Regentada por dos amigos, en esta colorida cafetería sirven *lattes* asequibles e infusiones frías junto con innovadoras combinaciones dulces, como tostada francesa con caramelo de miso. *instagram.com/artistacoffeeporto; 10-17.00 ma-sa*

Café Majestic

45 E4

Es un poco caro y turístico, pero merece la pena tomar algo para admirar el interior *beaux-arts*. *cafemajestic.com; 9.00-23.00 lu-sa*

C'alma

46 E4

Las ventanas frente a la calle de este café

de especialidad son perfectas para observar a la gente. El *brownie* también está muy bueno. *instagram.com/calma_coffee_room; 10.00-18.00 lu-sa*

Cerveza artesanal

Letraria

47 G3

Tiene una terraza muy tranquila y unas 20 cervezas de barril, más de la mitad dedicadas a la marca portuguesa Letra. *cervejaletra.pt; 16.00-24.00 do-ju, hasta 2.00 vi y sa*

Cervejaria do Carmo

48 A4

Con unas 100 variedades de cerveza, en esta cervecería *boutique* no se pasa sed. *carmocraftbeer.com; 16.00-24.00 lu-ju, 14.00-2.00 vi y sa*

Armazém da Cerveja

49 G4

Tienen 70 cervezas de barril de todo el mundo, desde Bélgica a Estados Unidos. *16.00-24.00 do-ju, hasta 1.00 vi y sa*

Bares de vinos

Aduela

50 A3

Bar ideal para conversar con vino y exquisitos *petiscos. 12.00-15.00 y 19.00-24.00 ma-sa, 12.00-15.00 do, cierre cocina 22.30*

Candelabro

51 B3

Café-bar en una antigua librería con una clientela bohemia, ambiente retro y grandes ventanales frente a la calle. *cafecandelabro.com; 12.00-2.00 ma-sa, 17.00-24.00 do, 13.00-2.00 lu*

Gito

52 B2

El vino natural es el protagonista, desde prometedores productores portugueses a españoles, franceses y alemanes. *instagram.com/gitowine; 17.00-23.00*

Original Eco Mercado

53 G3

Tapas sencillas pero deliciosas maridan a la perfección con vinos portugueses de baja intervención como Niepoort y João Pato. *originalecomercado.com; 16.00-23.00 ma-sa*

Bares gais

Conceição 35

54 B3

Íntimo *gastropub* con luz tenue, parada obligada para degustar cócteles y tapas. *facebook.com/barconceicao35; 17.00-2.00 ma-sa*

Invictus

55 B2

Espectáculos de *drag queens* cada fin de semana en este tranquilo local en la Rua da Conceição. *instagram.com/invictusbarporto; 23.00-3.00 mi-do*

Bar of Soap

56 E2

Bar *queer* inclusivo que organiza veladas de bingo y espectáculos de *drag queens. instagram.com/barofsoapporto; 18.00-1.00*

Locales nocturnos

Base

57 A5

Uno de los bares al aire libre más de moda, enclavado entre los olivos del parque urbano del Passeio dos Clérigos. *baseporto.com; 10.00-1.00 do-ju, hasta 2.00 vi y sa*

La Bohème

58 B4

Uno de los bares más distinguidos e íntimos de la Rua da Galeria de Paris, es una agradable opción para combinar buenos vinos con *petiscos. 18.00-2.00 lu-vi, hasta 4.00 sa*

Torto

59 B3

Oculto en un espléndido edificio neoárabe, este modesto local sirve algunos de los mejores cócteles de la ciudad. *instagram.com/torto.porto; 19.00-2.00 do-ju, hasta 3.00 vi y sa*

Royal Cocktail Club

60 B4

Ideal para un cóctel con estilo en la animada Galeria de Paris, figura en la lista World's Best Bars. *facebook.com/theroyal cocktailclub; 19.00-2.00 do-ju, hasta 3.00 vi y sa*

Comprar

Delicias 'gourmet'

A Pérola do Bolhão

61 E3

Charcutería tradicional con la fachada *art nouveau* más espectacular de la ciudad, llena a rebosar de oporto, salchichas ahumadas y fuertes quesos. *9.00-19.00 lu-vi, hasta 1.00 sa*

Casa Chinesa

62 E3

Encantador bazar a la vieja usanza repleto de productos tradicionales portugueses como sardinas, salchichas, bacalao seco y pulpo, *broa de Avintes* (espeso pan plano de maíz y centeno) y guindilla piri-piri. *9.00-19.00 lu-sa, cerrado 13.00-14.00 sa*

Touriga

63 B4

Regentada con pasión y precisión por David Ferreira, esta fabulosa tienda es un paraíso de vinos de oporto y otros vinos, muchos de pequeños productores. *touriga.pt; 11.00-13.30 y 14.30-19.30*

Comer e Chorar por Mais

64 E3

Quesos y salchichas de todo el mundo llenan los estantes de esta centenaria tienda *gourmet*. *comerechorarpormais.com; 9.00-19.00 lu-sa*

Moda y menaje del hogar

Coração Alecrim

65 A3

Ideal para curiosear la cuidada selección de ropa sostenible y artículos del hogar portugueses y hacer una pausa en su café japonés. *coracaoalecrim.com; 11.00-19.00 lu-sa*

Lot-Labels of Tomorrow

66 B3

Tienda conceptual dedicada a los diseñadores portugueses independientes como Isto y Sanjo. *thefeetingroom.com; 10.00-19.00*

Vista Alegre

67 B5

Fabrica la gama más selecta de porcelana portuguesa desde 1824, desde piezas minimalistas a otras con motivos naturalistas. *vistaalegre.com; 10.00-20.00*

Productos de segunda mano

Louie Louie

68 C1

Buen surtido de vinilos y CD de segunda mano, desde fado a *reggae* y música punk. *louielouie.pt; 10.30-13.30 y 14.30-19.00 lu-sa*

Mon Père Vintage

69 B2

Mejor llevar dinero encima ante esta colección de gafas de sol, zapatos *creepers* retro y vestidos vaporosos. *instagram.com/monpere vintage; 10.30-19.00 lu-sa*

Humana Vintage

70 F3

Parte de la cadena Humana, esta tienda frente al **Mercado do Bolhão** (p. 62) se centra en artículos de época como anoraks y camisas de flores. *humana-portugal.org; 10.00-20.00*

O'Kilo

71 F1

Ocupa dos plantas en la Rua de Santa Catarina y vende ropa de segunda mano al peso. *instagram.com/okilo_portugal; 10.00-19.00 ma-sa*

★ MERECE LA PENA

Bonfim

En torno a la Facultad de Bellas Artes de Oporto, aquí es donde se reúne la gente creativa. Se les ve trabajar en sus talleres o charlar en torno a un café o un vino en uno de los locales del barrio. Aquí se viene a ver exposiciones modernas, curiosear en el mercadillo, o compartir una comida.

PLANO: P. 72

CONSEJO
En Bonfim hay tres estaciones de metro: Campo 24 de Agosto, Heroísmo y Marquês. La de Marquês está en la línea D amarilla, las demás están conectadas por varias líneas.

Escanea este código QR para consultar la cartelera del Mouco.

Conocer a los artistas

En **Senhora Presidenta** tienen una colección de magníficos estampados y también hay talleres donde dan clases de cerámica: **Nü Coworking, Brâmica** y **Gira Terra Oficina de Artes. Gazete Azulejos** *(gazeteazulejos.com; 35 €)* ofrece talleres de pintura de azulejos basado en un catálogo de las fachadas de la ciudad, algunas ya desaparecidas. Los asistentes pueden pintar dos azulejos con diferentes técnicas y recogerlos al día siguiente una vez cocidos. En junio, organizan la **Feira da Alegria** *(instagram.com/feiradalegria)*, la exhibición de la Facultad de Bellas Artes. Para asistir a conciertos y reuniones comunitarias, hay que dirigirse al **Mouco Hotel,** de temática musical.

Puntos de interés

La **Casa Museu Fernando de Castro** *(museusemonumentos.pt/en; visitas guiadas solo en portugués; 5 €)* es la excéntrica casa *art nouveau* de un caricaturista portugués y la **Casa de São Roque** *(casasroque.art; adultos/niños 8 €/gratis)*, en el adorable Parque de São Roque (foto; p. 71), combina una galería de arte contemporáneo, un bar de vinos y una librería. Los aficionados al fútbol

VOLHA PILIPCHYK/SHUTTERSTOCK ©

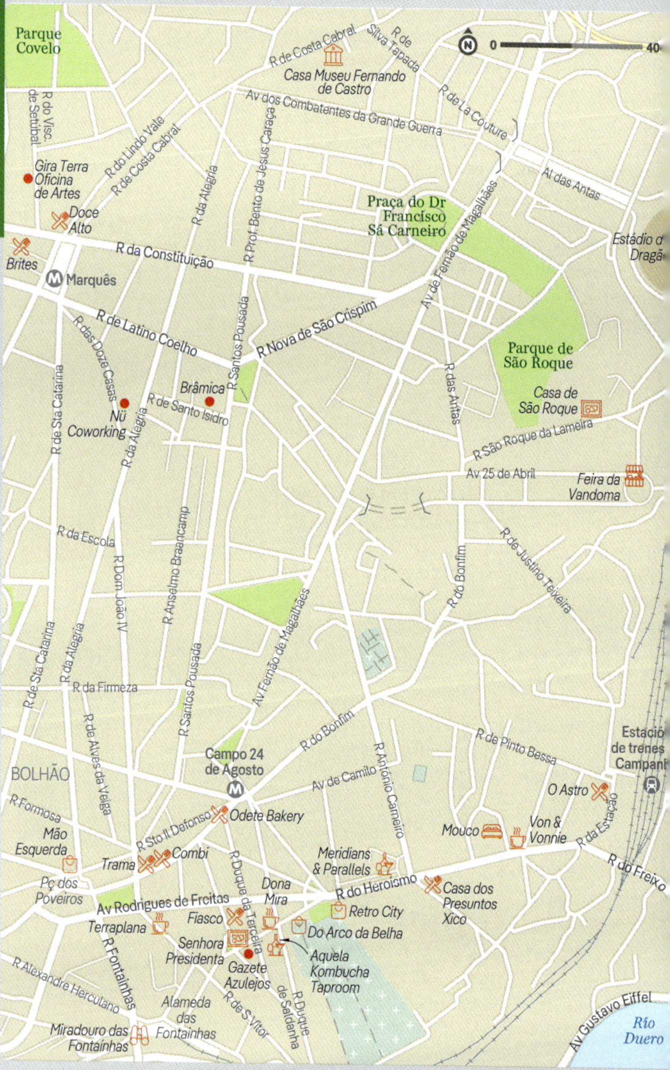
Parque Covelo
R do Visc. de Setúbal
R de Costa Cabral
Casa Museu Fernando de Castro
R de Silva Tapada
R de La Couture
Av dos Combatentes da Grande Guerra
Al das Antas
Gira Terra Oficina de Artes
R do Lindo Vale
R de Costa Cabral
R da Alegria
R Prof. Bento de Jesus Caraça
Praça do Dr Francisco Sá Carneiro
Av de Fernão de Magalhães
Estádio do Dragão
Doce Alto
Brites
R da Constituição
Marquês
R de Latino Coelho
R Santos Pousada
R Nova de São Crispim
R das Doze Casas
Parque de São Roque
Casa de São Roque
R das Antas
Brâmica
R de Santo Isidro
Nü Coworking
R de Sta Catarina
R da Alegria
R São Roque da Lameira
Av 25 de Abril
Feira da Vandoma
R da Escola
R Dom João IV
R Anselmo Braancamp
R de Justino Teixeira
R do Bonfim
Av Fernão de Magalhães
R de Sta Catarina
R da Alegria
R da Firmeza
R Santos Pousada
R de Alves da Veiga
R do Bonfim
R de Pinto Bessa
Estación de trenes Campanhã
Campo 24 de Agosto
BOLHÃO
Av de Camilo
R António Carneiro
R Formosa
O Astro
R Sto Il Defonso
Odete Bakery
Mão Esquerda
Mouco
Von & Vonnie
R da Estação
Trama
Combi
R Duque da Terceira
Meridians & Parallels
R do Freixo
Pç dos Poveiros
Dona Mira
R do Heroísmo
Casa dos Presuntos Xico
Av Rodrigues de Freitas
Fiasco
Retro City
Terraplana
Do Arco da Belha
Senhora Presidenta
Aquela Kombucha Taproom
Gazete Azulejos
R Alexandre Herculano
R Fontainhas
Alameda das Fontaínhas
R de S Vítor
R Duque de Saldanha
Av Gustavo Eiffel
Río Duero
Miradouro das Fontaínhas

disfrutarán en el **Estádio do Dragão** *(fcporto.pt, adultos/niños 20/10 €)*, el estadio del icónico equipo de fútbol de la ciudad, el FC Porto. Al anochecer, la acción se centra en **Miradouro das Fontaínhas,** el centro de la fiesta en torno a São João.

Compras de segunda mano

Los sábados por la mañana, los lugareños se dan cita en la Avenida 25 de Abril en el mercadillo **Feira da Vandoma,** un lugar popular para comprar artículos de segunda mano. Pero entre semana hay otros lugares, como **Retro City** y **Mão Esquerda,** ideales para renovar el armario, y **Do Arco da Belha,** que expone muebles antiguos.

Café, 'kombucha' y productos horneados

La primera *kombucha* portuguesa se produce en el corazón de Bonfim. En **Aquela Kombucha Taproom** disponen de una amplia selección de *kombuchas* de barril. Si se prefiere café, **Combi** y **Von & Vonnie** tuestan sus propios granos, pero también hay cafés de especialidad en **Dona Mira** y **Odete Bakery,** que sirve deliciosos dulces veganos. Y hablando de pastelería, **Brites** ofrece una buena variedad de pastas de estilo francés y escandinavo, mientras que **Doce Alto** y **Pastelaria Vale Doce** venden las típicas tostadas y *pastéis de nata.*

Locales nocturnos

Para cenar, una buena opción es **Trama,** que marida vinos locales con aperitivos, como una deliciosa brocheta de pulpo, o se puede probar la margarita picante y otras *pizzas* al horno de leña de **Terraplana.** Luego, la noche sigue rebuscando discos en **Fiasco** o degustando un cóctel en **Meridians & Parallels.**

UNA PAUSA
En **Casa dos Presuntos** preparan deliciosos bocadillos de jamón serrano, y en **O Astro** *bifana* (filete de cerdo guisado en salsa picante).

Sugerencias de lugares para comer, beber y comprar en **p. 88**

Explora
Miragaia

Dispuesto colina abajo hasta el río, con sus casas de colores vivos y la colada tendida al viento, es un placer pasear sin rumbo fijo por este barrio. Aparte de algunos puntos de interés y del Museu Nacional Soares dos Reis rebosante de arte, su auténtico atractivo consiste en deambular por las laberínticas calles hasta los miradores, bares anclados en el pasado y *tascas* familiares del antiguo barrio judío de Vitória. La historia habla en cada esquina, desde una prisión política convertida en galería de fotografía a una casa camuflada entre iglesias que albergaba reuniones secretas en tiempos de guerra. Y si se aguza el oído, se puede oír a algún *fadista* abriendo su corazón en la bodega de una iglesia del s. XVI.

Cómo desplazarse

Metro

Las estaciones de São Bento y Aliados, línea D amarilla, son las más cercanas al Centro Português da Fotografia y a la Igreja do Carmo, a unos 10 min a pie de ambas.

Tranvía

El nº 18 para relativamente cerca del Museu Nacional Soares dos Reis. La parada más cercana es Viriato.

Autobús

Varias líneas pasan por el barrio: las nº 200, 201, 207 y 208 paran cerca de los principales puntos de interés.

★

LO MEJOR

MUSEO DE ARTE
Museu Nacional Soares dos Reis (p. 79)

GALERÍA DE FOTOGRAFÍA
Centro Português de Fotografia (p. 78)

IGLESIA LABERÍNTICA
Igreja do Carmo (p. 81)

BARRIO JUDÍO
Rua de São Bento da Vitória (p. 84)

BANCO DE AZULEJOS
Banco de Materiais (p. 86)

Rua de São Bento da Vitória (p. 84).
ROMANSLAVIK.COM/SHUTTERSTOCK ©

A
B
C
D
E
F
1
2
3
4
0
200 m
Más información
Imprescindible p. 78
Experiencias p. 84
Comer p. 88
Beber p. 89
Comprar p. 89
CEDOFEITA
R do Breiner
R do Rosário
R Miguel Bombarda
R de Adolfo Casais Monteiro
R de Cedofeita
R Mirante
Tv de Cedofeita
Tv do Carregal
R Prof Jaime Rios de Sousa
Jardim do Carregal
R Dr T Almeida
R Prof Vicente J Carvalho
R Dom Manuel II
R Alberto A Gouveia
Museu Nacional Soares dos Reis
Banco de Materiais
Mercado Porto Belo
R das Oliveiras
R Sá Noronha
Pç Carlos Alberto
R José Falcão
R de Ceuta
R da Picaria
Pç Dona Filipa de Lencastre
R de Aviz
R Sta Teresa
R da Fábrica
Pç Guilherme Gomes Fernandes
Rua da Galeria de Paris
R Cândido dos Reis
R Conde de Vizela
Igreja do Carmo
Igreja dos Carmelitas
R do Carmo
Pç Gomes Teixeira
R das Carmelitas
Pç Parada Leitão
Tv do Carmo
34
35
28
32
17
15
7
22
19
18
37

MIRAGAIA
Casa do Vinho Verde
Jardim das Virtudes
Cooperativa Árvore
Jardim da Cordoaria
Rua de São Bento da Vitória
Centro Português de Fotografia
World of Discoveries
Museu dos Transportes
Alfândega
Igreja de São Pedro de Miragaia
Igreja Nossa Senhora da Vitória
Museu das Marionetas
Teatro de Marionetas do Porto
A Casa do Fado
O Fado
Igreja de São João Novo
RIBEIRA
Jardim do Infante Dom Henrique
Pç de Lisboa
Río Duero
R da Restauração
Lg do Viriato
R da Bandeirinha
R A Albuquerque
Campo dos Mártires da Pátria
R de São Filipe de Nery
R dos Clérigos
R dos Caldeireiros
R da Vitória
R das Flores
R de Monchique
R do Monte dos Judeus
R de Miragaia
Lg da Alfândega
R Armazéns
R São Pedro de Miragaia
Cç das Virtudes
R Dr Barbosa de Castro
R das Taipas
R São Bento da Vitória
R São Miguel
R das Virtudes
R Francisco da Rocha Soares
R Atafona
R T Gonzaga
Largo de São Pedro de Miragaia
R Nova da Alfândega
Lg de São João Novo
R São João Novo
Escadas do Caminho Novo
Escadas do Recanto
Lg de São Domingos
R Mouzinho da Silveira
R da Bainharia
R Santana
R Ferreira Borges
R Sousa Viterbo
R da Bolsa
R de São João
R dos Mercadores
R Infante Dom Henrique

★ IMPRESCINDIBLE

Centro Português de Fotografia

Enhiesto cual centinela en las puertas del antiguo barrio judío, este robusto edificio, construido en 1767, fue una prisión y un tribunal de apelación en sus anteriores vidas. Hoy es un inquietante y evocador escenario de exposiciones temporales de fotografía, muchas de ellas con una perspectiva que invita a reflexionar.

PLANO: P. 77 **E6**

CONSEJO
La entrada es gratis, se puede entrar y salir a capricho.

Arquitectura e historia

Se nota el peso de la historia al recorrer el complejo. Las antiguas celdas, como la que albergó al célebre escritor portugués del s. XIX Camilo Castelo Branco de 1860 a 1861 (condenado por adulterio), ahora cobijan exposiciones. Pero las fotografías de antiguos internos son un guiño al infausto pasado del edificio, así como los muros impenetrables y las rejas metálicas.

Exposiciones de fotografía

Se programan varias exposiciones al año, desde retratos a temas provocadores, abstractos o paisajísticos. Las más recientes trataron temas como el abandono y los edificios en ruinas, paisajes devastados por la guerra y fotografías inéditas de Frida Kahlo.

Colección de cámaras

Todo un viaje al pasado, la colección permanente de cámaras antiguas de la planta superior se remonta a los inicios de la fotografía. En esta era de Instagram, es un recordatorio de lo laboriosa que era antes la fotografía. Los fans se encontrarán en su elemento observando cámaras espía de Kodak, las maravillosas Brownie, Century, Varsity y Goldy de principios del s. XX, las primeras cámaras réflex de la década de 1930 y mucho más.

Escanea este código QR para consultar las últimas exposiciones.

★ IMPRESCINDIBLE

Museu Nacional Soares dos Reis

Cuando las tropas de Napoleón huyeron de Oporto, el duque de Wellington se instaló en el neoclásico Palácio dos Carrancas. Más tarde, se convirtió en el primer museo de arte del país y ahora presenta una magnífica colección de escultura del s. XIX de António Soares dos Reis, además de pintura y artes decorativas.

PLANO: P. 76 **B4**

Galería de António Soares dos Reis

El **museo** se enorgullece de las obras del laureado escultor portugués decimonónico António Soares dos Reis. La atracción principal es *O Desterrado* ("El desterrado"), considerada una obra cumbre del arte portugués. Tallado en mármol de Carrara en Roma en 1872, este hombre de mirada nostálgica se inspira en un poema sobre el exilio de Alexandre Herculano llamado *Tristezas do desterro*. La figura encarna la esencia de la *saudade*, sentimiento arraigado en el alma portuguesa. Evoca un profundo sentimiento de añoranza y nostalgia, reflejando el deseo de regresar a casa tras una ausencia prolongada.

CONSEJO
Hay que prever un par de horas para recorrer las numerosas salas del museo, distribuidas en dos plantas.

Colección escultórica

Las esculturas de Soares dos Reis comparten protagonismo con obras notables de maestros portugueses de los ss. XIX y XX. Entre ellos, el pensativo *Infancia de Caín* (1890) de António Teixeira Lopes, *Ismael* (1889) de Augusto Santo y el bronce *Cabeza de niño* (1927) de Diogo de Macedo. Mucho más antiguo es el sarcófago romano del s. III a.C., embellecido con un friso que alude a las cuatro estaciones.

Escanea este código QR para consultar los horarios y entradas en línea.

Colección pictórica

Itinerario cronológico de 2500 piezas de los ss. XVII a XX con retratos, paisajes y obras religiosas portuguesas, neerlandesas y flamencas. Predomina

BRESTER IRINA/SHUTTERSTOCK ©

el romanticismo y el naturalismo. Las obras más destacables son el evocador *Fuga de Margarita de Anjou* de Francisco Vieira, el sereno *Mártir cristiano* de Joaquim Vitorino Ribeiro y el claroscuro *Dama de vestido negro* de Henrique Pousão. Algunas obras contemporáneas notorias son la postimpresionista *Puente de D. Maria* de Eduardo Viana, que representa el puente del mismo nombre con un tren de vapor que traquetea por la vía.

UNA PAUSA
A la vuelta de la esquina, el **Época** de estilo escandinavo es ideal para un café o una comida ligera.

Artes decorativas

La 2ª planta está dedicada a las artes decorativas. Aparte de magníficos ejemplos de loza portuguesa del s. XVII y porcelana china del s. XVIII, también hay elaborada cristalería del s. XIX de Vista Alegre, joyería (desde piezas de la Edad de Hierro a delicadas creaciones portuguesas en filigrana del s. XVIII) y pantallas de Namban del s. XVII que retratan vívidamente la llegada de los colonizadores portugueses a tierras japonesas.

★ IMPRESCINDIBLE

Igreja do Carmo y Igreja dos Carmelitas

Lo primero que llama la atención en la Igreja do Carmo es su fachada de azulejos blancos y azules, pero, al igual que la contigua Igreja dos Carmelitas, oculta muchas otras rarezas, desde altares dorados a salas nobles y escondites para citas secretas.

PLANO: P. 76 **D4**

Iglesia carmelita

Supuestamente uno de los múltiples proyectos del maestro arquitecto italiano Nicolau Nasoni, la **Igreja dos Carmelitas**, del s. XVII, tiene una modesta fachada clásica, pero esconde un interior lujosamente bañado en oro, típico del barroco.

Casa segura

Encajada entre la Igreja dos Carmelitas y la Igreja do Carmo, esta casa de 1 m de ancho es, sin duda, la vivienda más estrecha de la ciudad. Desde fuera, la **Casa Escondida** se confunde perfectamente con las dos iglesias de piedra. Quizá por eso fue elegida para las reuniones secretas durante la invasión francesa y la guerra civil de Oporto. Forma parte del circuito de la Igreja do Carmo.

Laberinto de salas

Excelente ejemplo de la arquitectura rococó, la **Igreja do Carmo** es más que una simple iglesia. Las escaleras suben y bajan por numerosas salas, incluyendo las catacumbas, donde se pueden ver los huesos de antiguos hermanos carmelitas; el lujoso salón principal, adornado con azulejos del s. XVIII; la sala de los trajes; una curiosa y antigua biblioteca, y la sala del crucifijo, que lleva directamente a un balcón con vistas al ornado interior de la planta baja.

CONSEJO

La Igreja dos Carmelitas es gratis, pero la Igreja do Carmo no *(5 €)*. Hay que prever tiempo suficiente para recorrer las múltiples salas.

Escanea este código QR para consultar horarios y datos de contacto.

CIRCUITO A PIE

Tras los azulejos de Miragaia

Este paseo descubre la icónica colección de azulejos del barrio, exposiciones de pintura y fotografía y el antiguo barrio judío de la ciudad. Para terminar, un lugar privilegiado donde ver la puesta de sol.

INICIO	FINAL	DURACIÓN
Praça de Carlos Alberto (cerca de la estación de metro de Aliados)	Jardim das Virtudes	2 km; 1 h

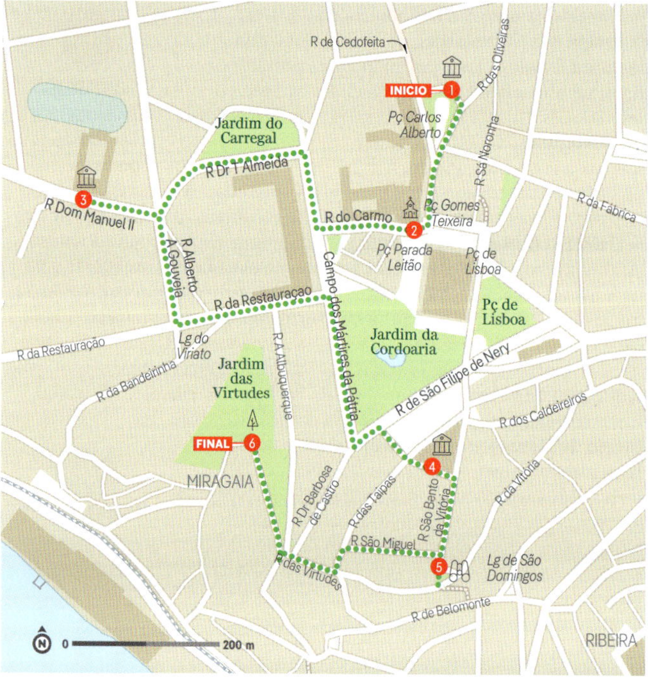

1 Plaza artística
Se empieza en la **Praça de Carlos Alberto,** donde se instala el mercado de arte y artesanía semanal de Miragaia, el **Mercado Porto Belo** (p. 85). Aunque no sea sábado, merece la pena acercarse a ver el Banco de Materiais, un pionero banco de materiales y galería con una colección de los azulejos más icónicos de la ciudad.

2 Más que una iglesia
Se pueden ver más azulejos en la **Igreja do Carmo,** cuya fachada está cubierta de mosaicos blancos y azules que rinden tributo a Nossa Senhora ("Nuestra Señora"). En el interior se encuentra la casa más estrecha de Oporto y una colección de vestiduras y objetos de plata, además de las escalofriantes catacumbas.

3 Obras maestras para todos
Llamado así por el célebre escultor portugués, el **Museu Nacional Soares dos Reis** fue el primer museo público de arte. Custodia una excelente colección escultórica, además de cerámica portuguesa, muebles antiguos y más de 2000 pinturas del período románico hasta el s. xx.

4 En cámara
A 10 min a pie del museo, el **Centro Português de Fotografia** es una prisión política convertida en galería de fotografía. Aquí fue encarcelado el escritor Camilo Castelo Branco por cometer adulterio. Frente al centro, se erige una estatua del novelista y una mujer desnuda.

5 El barrio judío
Se baja por la **Rua de São Bento da Vitória,** el corazón del barrio judío de Oporto. Aún quedan vestigios del patrimonio judío, como el letrero frente al antiguo Mosteiro de São Bento da Vitória, que pide perdón por la expulsión de los judíos en 1496.

6 Vistas al atardecer
Tras contemplar las vistas desde el Miradouro da Vitória, se sube la cuesta para ver la puesta de sol desde el **Jardim das Virtudes.** En un rincón sombreado bajo los árboles, se pueden admirar las vistas de la ciudad, que se extienden sobre los tejados, hasta el río y las bodegas de Vila Nova de Gaia.

EXPERIENCIAS

Circuito por el último barrio judío de Oporto BARRIO HISTÓRICO

Hasta 1386, había varias *judiarias* (juderías) en la ciudad, pero ese año, João I publicó un decreto para trasladar a todos los judíos al barrio de Olival, al cual se accedía por las Escadas da Esnoga, ahora Escadas da Vitória. Según parece, la Igreja de Nossa Senhora da Vitória ocupa el lugar de la antigua sinagoga, y la **Rua de São Bento da Vitória** (PLANO: 1 P. 77 E6) y la Rua de São Miguel eran el centro neurálgico del barrio. **Portoalities** *(portoalities.com; desde 89 €)* y **Living Tours** *(livingtours.com; adultos/niños 25/15 €)* organizan circuitos privados que trazan la historia de la comunidad judía de la ciudad.

Explorar las iglesias de Miragaia IGLESIAS

La Igreja do Carmo (p. 81) y la Igreja dos Carmelitas (p. 81) atraen toda la atención, pero en Miragaia hay más iglesias dignas de mención, como la **Igreja de Nossa Senhora da Vitória** (PLANO: 2 P. 77 E7), de estilo barroco, que alberga una Virgen María tallada por el famoso escultor portugués **Soares dos Reis** (p. 79); la **Igreja de São Pedro de Miragaia** (PLANO: 3 P. 77 C7), con su impresionante fachada azul y blanca, y una profusión de tallas de madera doradas, y la **Igreja de São João Novo** (PLANO: 4 P. 77 D8), una iglesia medieval entre casas de fado.

Visitar los Miradouros MIRADORES

Caminando por la Rua de Belomonte, hay que subir las escaleras sin dudarlo: llevan al **Miradouro da Vitória,** un tranquilo mirador con vistas a la Sé (p. 38) y el **Mosteiro da Serra do Pilar** (p. 97), en la otra orilla del río. Si no se quieren subir la escaleras o se quieren evitar, se puede ir desde lo alto por la Rua de São Bento da Vitória, el corazón del viejo barrio judío.

Si se busca un ambiente más animado, en el **Jardim das Virtudes** (p. 147) los jóvenes suelen reunirse para ver la puesta de sol con unas cervezas.

Jugar a los títeres en el Museu das Marionetas MUSEO

El **Museu das Marionetas** (PLANO: 5 P. 77 D7; *marionetasdoporto.pt; adultos/niños 3,50/2.50 €*) pone el foco en las magníficas creaciones de marionetas que han subido al escenario del **Teatro de Marionetas do Porto** (PLANO: 6 P. 77 D7), al otro lado de la calle, en las tres últimas décadas. Las exposiciones temporales presentan marionetas de producciones como *Macbeth*, *Fausto* y *La Cenicienta*. Un éxito ascgurado para los niños (pero no solo destinado a ellos), este teatro está especializado en espectáculos diversos, desde producciones familiares como *Alicia en el País de las Maravillas*, a teatro político no violento.

En tropel al Mercado Porto Belo el sábado MERCADO CALLEJERO

PLANO: 7 P. 76 **E3**

Los sábados de 10.00 a 18.00, se celebra en la Praça de Carlos Alberto el mercado callejero semanal, **Mercado Porto Belo** *(mercadoportobelo.pt)*, que ofrece la fantástica ocasión de interactuar con los creativos locales y curiosear por una selección de ropa *vintage*, libros, artesanía y estampados. En las redes sociales anuncian el invitado a la próxima edición. Y hasta se puede salir con una bolsa llena de productos de cultivo ecológico de los puestos de fruta fresca.

Admirar las exposiciones en la Cooperativa Árvore GALERÍA DE ARTE

Antes de acomodarse en el Jardim das Virtudes (p. 147), se puede pasar por la **Cooperativa Árvore** (PLANO: 8 P. 77 **C6**; *arvorecoop.pt*), una combinación de galería de arte, tienda y restaurante. Tras visitar su última exposición, no hay que perderse las vistas de los balcones de la galería, y rebuscar entre coloridos grabados de artistas locales y cerámica del premiado arquitecto Siza Vieira (p. 89).

Pasear por el Jardim da Cordoaria JARDÍN

PLANO: 9 P. 77 **D5**

Rodeado por el Centro Português de Fotografia (p. 78) y la Torre dos Clérigos (p. 58), este agradable y frondoso **parque** es ideal para relajarse tras un día de visitas. Lleva el nombre de la antigua *cordoaria* (cordelería) que había aquí en el s. XVI. Pero no fue hasta finales de 1860 cuando adquirió el diseño actual, inspirado en los Jardins do Palácio de Cristal (p. 105), construidos unos años antes. En el parque se encuentra la Alameda dos Plátanos, una avenida bordeada de inmensos plátanos, atravesada por un pintoresto tranvía. A lo largo del recorrido, se despliega una colección de esculturas que rinden homenaje a figuras literarias como Ramalho Ortigão y António Nobre. Entre las incorporaciones más contemporáneas destacan las figuras sonrientes de Juan Muñoz y *La escapada* de Dirk Lamote, que representa a un hombre emergiendo del lago. Es una de las tres esculturas que se añadieron en el 2024 para celebrar los vínculos de Portugal con Bélgica.

Descubrir la historia industrial de Oporto MUSEO

Es difícil imaginar el tráfico intenso que antes cruzaba la **Alfândega** (PLANO: 10 P. 77 **B7**), la antigua aduana. Grandes barcos amarraban aquí y descargaban la mercancía con una grúa (apodada "la jirafa"), todavía en pie. El interior resguarda los recuerdos de la vida cotidiana de los obreros, con reliquias como máquinas contadoras, básculas y sellos. Destaca una guitarra confiscada usada para pasar aceite de oliva de contrabando cuando los precios se dispararon. También hay un estudio de tamaño natural del panel *Ribeira negra* de Júlio Resende. Parte del edificio es ahora el **Museu dos Transportes** (PLANO: 11 P. 77 **B7**; *amtc.pt; exposición de coches 3 €, resto gratis*), con una colección de vehículos que transportaban a los antiguos presidentes de Portugal, e incluso a Isabel II en 1985. Otra sección está ocupada por el **Centro de Congressos** *(ccalfandegaporto.com),* que alberga una gran variedad de eventos durante el año, como el **Porto's Coffee Market** *(portocoffeeweek.pt/en/coffee-market)* y espectáculos multimedia inmersivos que llenan los muros de imágenes de faraones egipcios, nenúfares de Monet y figuras históricas de Oporto.

Ver un espectáculo de fado

CASAS DE FADO

Oporto no tiene una tradición propia del fado, pero se puede disfrutar de la versión de Lisboa o Coímbra del "blues de Portugal" en un par de locales de Miragaia. El familiar **O Fado** (PLANO: 12 P. 77 **D7**; *do cerrado*) combina comidas tradicionales con un espectáculo que cuesta 50 € (bebidas y un plato principal), un poco más si se opta por el menú de degustación de cuatro platos. En **A Casa do Fado** (PLANO: 13 P. 77 **D8**; *acasadofado.com; 19 €*) ofrecen conciertos de fado íntimos en una sala de piedra del s. XVI, en el interior de las antiguas despensas de la Igreja de São João Novo (p. 84). No incluye comida, pero se puede tomar un vino de Oporto.

Probar vino verde en Casa do Vinho Verde

CATA DE VINO

PLANO: 14 P. 77 **A5**

Oporto se encuentra en el centro de la región del *vinho verde*. Se puede probar en muchos bares de la ciudad, pero para descubrir lo que hace especial a este vino, hay que ir a **Casa do Vinho Verde** *(portal.vinhoverde.pt),* en el Palacete Silva Monteiro, del s. XIX. La sede de la Comisión del Vino Verde está abierta a los visitantes los sábados solo de 14.30 a 18.30. Un circuito en inglés de 1 h *(17.30; 5 €)* recorre el edificio histórico y termina con una cata de dos vinos verdes en los jardines. Se requiere reserva.

Captar el alma de Oporto en el Banco de Materiais

MUSEO

PLANO: 15 P. 76 **E3**

A primera vista, el **Banco de Materiais** *(gratis)* puede parecer un museo, pero es mucho más que esto. Este proyecto municipal se encarga de salvaguardar los elementos decorativos que caracterizan la arquitectura de Oporto. Contiene una infinita selección de azulejos, por supuesto, pero también letreros de calle, piezas de estuco y forjados de edificios que estaban en ruinas o pendien-

LOS 'TRIPEIROS' DE OPORTO

Si se pasa un largo período en Oporto, probablemente se observará que los residentes se autodenominan cariñosamente *tripeiros* (literalmente "vendedores/comedores de tripa", o sea, de callos). Pero ¿por qué? Algunos dicen que proviene de la Era de los Descubrimientos, mientras que otros afirman que se originó en la Guerra Civil portuguesa (1828-1834), cuando se destinaba toda la carne a los soldados y solo quedaba la casquería para uso doméstico. Todavía hoy, los callos son protagonistas en muchos restaurantes, que sirven *tripa à moda do Porto*, un contundente guiso de callos, verduras y judías blancas, con laurel, limón, ajo y cilantro, y pan para mojar.

tes de derribo. No se trata de una exposición en sí: el objetivo es devolverlos a la ciudad. Si se tiene una propiedad antigua en Oporto a la que le falten azulejos, por ejemplo, puede venir aquí y llevárselos gratis para renovar la fachada.

Probar nuevas cervezas en la fiesta de la cerveza de Oporto FESTIVAL

En torno al mes de junio, las zonas verdes alrededor del Museu Nacional Soares dos Reis (p. 79) se transforman en la terraza de la **Porto Beer Fest** *(portobeerfest.pt)*. Unos cincuenta cerveceros instalan sus puestos en la hierba para promover cervezas artesanas de todo el mundo. Solo hay que hacerse con un vaso reutilizable en la entrada y probar rubias, IPA y negras. Incluso se puede llevar la mascota.

Viajar a la Era de los Descubrimientos PARQUE TEMÁTICO

PLANO: 16 P. 77 **B6**

Un inusual homenaje a aquella época, el **World of Discoveries** *(worldofdiscoveries.com; adultos/niños 17/11 €)* tiene más de parque temático que de museo. Orientado a las familias, ofrece exposiciones interactivas que transportan al visitante a los ss. XIV-XVI, cuando los portugueses dominaban los descubrimientos geográficos y abrían nuevas rutas marítimas comerciales. Un intrépido recorrido en barco recrea escenas de la vida en altamar de las travesías que expandieron los dominios de Portugal en el mundo, aunque se dice poco sobre las trágicas consecuencias de esta época. Los viajes ampliaron el territorio portugués, pero también provocaron la explotación, el desplazamiento y la devastación de poblaciones indígenas, un legado que aún no ha sido plenamente reconocido.

SUGERENCIAS

Lo mejor para...

Localizaciones en el plano de la **p. 76**

€ Económico €€ Medio €€€ Alto

Comer

Desayunos y 'brunches'

Época €
17 B3
Además de café, satisface al mercado vegano y vegetariano con su menú cambiante. *10.00-15.00 lu-vi*

Noshi Coffee €
18 D4
Una selección de deliciosas tostas abiertas o cruasanes y panqueques para empezar el día. *coffee.noshi.pt; 9.00-19.00*

Zenith €
19 E3
Ofrecen un *brunch* de huevos Benedict o aguacate triturado y huevos escalfados. *zenithcaffe.pt; 8.00-18.00*

Sándwiches y 'petiscos'

Porta 4 €€
20 D7
Agradable taberna que acierta de lleno con sus *petiscos* (tapas), ya sean setas Portobello con queso de cabra o crujiente panceta de cerdo con polenta de pimiento. *19.30-24.00 lu-sa*

A Sandeira €
21 F5
Ambiente bohemio iluminado con bombillas de colores, ideal para sopas, ensaladas o sándwiches. *10.00-17.00 lu-sa*

Casa Expresso €
22 E3
Tasca asequible popular por sus jugosos *sandes de rojões* (sándwiches de cerdo) y *schnitzels* de cerdo. *9.00-22.30 lu-sa*

Tascas

Taberna d'Avó €€
23 E6
Platos caseros como *petinga frita* (sardinillas fritas) y *polvo com molho verde* (ensalada de pulpo en salsa verde). *12.00-15.00 y 19.00-22.00 ma-sa*

Taberna Santo António €
24 D7
El menú diario suele incluir comida portuguesa sencilla como pierna asada y medallones de bacalao. *12.00-15.00 y 19.00-22.00 ma-sa, hasta 15.30 do*

Comer con vistas

O Caraças €
25 D7
No hay menú, pero suelen ofrecer raciones generosas de comida portuguesa para el alma fresca del mercado. *12.00-14.30 y 19.30-22.00 lu, ju y vi, 12.00-14.30 ma y mi*

Intrigo €€
26 D8
Magníficas vistas sobre los tejados desde la terraza de este recóndito café que sirve su propia versión de los sabores portugueses. *13.00-23.00 ju-lu*

Fusión este-oeste

Mistu €€
27 D8
Asia se fusiona con Sudamérica en este elegante local que combina ceviches con gambas estilo tailandés y *fondant* de dulce de leche. *19.00-24.00 do-ju, hasta 1.00 vi y sa*

Beber

Vino y cócteles

Capela Incomum

28 D3

Capilla convertida en bar donde se pueden probar vinos locales. *16.00-23.00 lu-mi, hasta 24.00 ju-sa*

Bosco

29 C6

Tras visitar la galería arriba (p. 85), en los jardines de la planta baja se puede degustar vino o cócteles. *bosco.pt; 14.00-21.30 do-ju, hasta 2.00 vi y sa*

Rooftop Flores

30 E6

Cócteles de origen portuense y zumos refrescantes de sangría en la azotea. *restaurantes.wow.pt/rooftop-flores; 12.00-20.00 mi-do*

Café-bar artístico

Mirajazz

31 D8

La puesta de sol es el momento ideal para un *porto tónico* o una copa de vino portugués bien elegido en este bar con sala de *jazz. 11.00-22.00*

Espiga

32 C3

Este café-bar-galería alberga interesantes exposiciones y talleres. *facebook.com/espigagaleriabar; 19.00-23.00 ju-sa*

Pinguim Café

33 D7

Un entorno íntimo con obras, proyecciones de películas, lecturas de poesía y exposiciones de arte local. *facebook.com/PinguimCafe; 20.00-2.00 lu y mi-sa*

Gato Vadio

34 B1

Detrás de una librería, café-bar artístico que organiza proyecciones de películas, lecturas y cenas ocasionales. *gatovadiolivraria.blogspot.com; 16.00-23.00 ma-sa*

Cerveza artesana

Catraio

35 D1

Microcervecería que admite mascotas con una selección de cervezas artesanas portuguesas e internacionales. *catraio.pt; 17.00-23.30 lu-ju, hasta 24.00 vi y sa*

Musa das Virtudes

36 C6

Sirven cervezas clásicas con nombres de música, además de jugosas hamburguesas y tentempiés de estilo brasileño. *cervejamusa.com; 15.00-23.30 lu-ju y do, hasta 0.30 vi, 12.30-0.30 sa*

Comprar

Vinos portugueses

Garrafeira do Carmo

37 D4

El experto personal orienta sobre la gran selección de oportos y vinos portugueses de calidad. *garrafeiracarmo.com; 10.00-13.00 y 14.00-19.00 lu-vi, hasta 13.00 sa*

Artesanía

Cooperativa Árvore

véase 8 C6

Galería oculta que vende desde minimalistas juegos de té de Siza Vieira hasta pinturas originales de otros creadores portugueses modernos. *arvorecoop.pt; 10.00-13.00 y 14.00-18.00 lu, 10.00-18.30 ma-vi, 14.00-19.00 sa*

Escovaria de Belomonte

38 E7

En este taller todavía fabrican a mano cepillos de todo tipo. *escovariadebelomonte.com; 9.00-12.00 y 14.00-18.00 lu-vi*

Padaria Águas Furtadas

39 E6

Magníficas ilustraciones y cerámica de artistas de Oporto. *aguasfurtadas.com; 10.00-14.00 y 15.00-19.00*

Sugerencias de lugares para comer, beber y comprar en **p. 100**

Explora
Vila Nova de Gaia

Esta localidad transporta al visitante a los inicios de la producción del vino de Oporto en el s. XVII, cuando los comerciantes británicos añadían un chorrito de *brandy* al vino para que tuviera propiedades digestivas. Grandes bodegas se asientan imponentes en los márgenes del Duero y ofrecen circuitos por sus subterráneos llenos de barricas, además de catas y cenas con vistas al centelleante centro histórico en la otra orilla. Aquí es posible convertirse en experto enólogo, subir en teleférico al Jardim do Morro a tiempo para ver la puesta de sol o seguir la orilla hasta la costa de Afurada.

Cómo desplazarse

Metro
La línea D amarilla lleva al punto más alto de Vila Nova de Gaia, el Jardim do Morro, con acceso directo al jardín y el Mosteiro da Serra do Pilar en lo alto de la colina.

Ferri
En 5 min (p. 46) cruza de Ribeira a Vila Nova de Gaia.

Autobús
Las líneas nº 900, 901, 906 y 11M paran en el extremo inferior del Ponte de Dom Luís I, con acceso directo a las bodegas.

LO MEJOR

DISTRITO CULTURAL
WOW Porto (p. 93)

CATAS DE VINO
Bodegas de vino de Oporto (p. 94)

JARDÍN EN LA COLINA
Jardim do Morro (p. 98)

TELEFÉRICO
Teleférico de Gaia (p. 98)

TRAVESÍAS EN BARCO
Crucero por el Duero (p. 98)

Teleférico de Gaia (p. 98).
SIRBOUMAN/SHUTTERSTOCK ©

A
B
C
D
E
F
1
2
3
4
Río Duero
Ponte de Dom Luís I
Teleférico de Gaia
Mosteiro da Serra do Pilar
Jardim do Morro
Jardim do Morro
Casa Kopke
Cálem
Sandeman
Ramos Pinto
Mercado Beira-Rio
Porto Augusto's
Convento de Corpus Christi
WOW Porto
Lg Santa Marinha
Niepoort
Cockburn's
Barão Fladgate
Taylor's
General Torres
R Rei Ramiro
Av Ramos Pinto
R Guilherme Gomes Fernandes
R Dr António Granjo
R Carvalhosa
R Serpa Pinto
Av de Diogo Leite
Av de Diogo Leite
R Dom Afonso III
R de França
R Guilherme Braga
R Cândido dos Reis
R Barroca
R Gen Torres
R Gen Torres
R Pilar
Calçada Serra
R Rocha Leão
Av da República
R Luís de Camões
R Barão de Forrester
R do Choupelo
Av Manoel de Oliveira
0
200 m
Más información
Imprescindible p. 93
Experiencias p. 98
Comer p. 100
Beber p. 101
Comprar p. 101

★ IMPRESCINDIBLE

WOW Porto

El World of Wine, alias WOW, es la atracción más reciente de Vila Nova de Gaia, un recorrido por las principales industrias de Portugal, como el corcho o el vino, a través de exposiciones y talleres. Las antiguas bodegas se han convertido en un vibrante distrito cultural con museos, restaurantes y tiendas.

PLANO: P. 92 **D3**

Los museos

Dos de los siete museos del WOW están dedicados al vino. **Wine Experience** ofrece un panorama de las regiones vinícolas del país y termina con una cata guiada. Un homenaje al rosado, las salas del **Pink Palace** replican regiones como la Provenza, California y Oporto. Durante el recorrido, van llenando la copa de rosados de Francia y Portugal, incluyendo el popular rosado Mateus.

En **Planet Cork** presentan la industria del corcho luso, en **Chocolate Story** se aprende sobre el chocolate, en **Porto Region across the Ages** explican la historia de la ciudad y en la **Bridge Collection** exponen recipientes de bebida centenarios. El **Atkinson Museum** muestra exposiciones de arte temporales.

Chocolate y vino

Los talleres de elaboración de chocolate *(desde 10 €)* y catas de vino *(desde 25 €)* llenan la agenda del WOW. La **Wine School** ofrece catas personalizadas y cursos especializados sobre vino portugués.

A la caza de recuerdos

Planet Cork Shop (p. 101) es el lugar ideal para encontrar interesantes artículos de corcho como lámparas y salvamanteles. **Escovaria de Belomonte** (p. 101) vende cepillos y escobas producidos a mano en Oporto y **Claus** (p. 101), los típicos jabones aromáticos.

CONSEJO

Se puede pasear por todo el distrito libremente, pero se paga la entrada a los museos. Se necesita medio día para verlo todo, o se puede ver solo una selección.

Escanea este código QR para reservar entradas y talleres con antelación.

★ IMPRESCINDIBLE

Bodegas de vino de Oporto

El delicado vino de Oporto ha envejecido durante siglos en las bodegas de Vila Nova de Gaia gracias a su clima más fresco. Hoy en día, en la Avenida de Diogo Leite, una sucesión de letreros anuncia las distintas bodegas, pero hay más opciones ocultas en las calles laterales.

PLANO: P. 92

CONSEJO
La mayoría de los circuitos se realiza por la mañana o a primera hora de la tarde, en español en horarios específicos. Algunos aceptan visitantes sin cita, otros, solo previa reserva.

Escanea este código QR para consultar el mapa de las bodegas de Gaia.

Catas rápidas

20 min bastan para aprender a distinguir los distintos tipos de oporto en **Porto Augusto's** *(portoaugustos.pt; 15 €),* una pequeña bodega familiar. El precio de la entrada se descuenta si se compra una botella al final del circuito. En **Casa Kopke** *(kopke1638.com)* se puede degustar uno de los oportos más antiguos del país. Se eligen los vinos *(desde 3,70 € la copa),* antes de dirigirse a la planta superior para la cata. Otra opción son los circuitos de audio autoguiados de **Taylor's** *(taylor.pt; adultos/niños 20/7,50 €)* para descubrir la historia de esta casa de oporto del s. XVII antes de comenzar la cata (hay zumo de uva para los niños).

Circuitos de las bodegas históricas

Una visita más completa ofrece **Sandeman** *(sandeman.com; desde 28 €),* famosa por su logotipo de una silueta negra con la capa de estudiante tradicional de Portugal y un sombrero cordobés. Unos guías disfrazados viajan por la historia de la marca, ondeando la capa al pasar de sala en sala. En **Ramos Pinto** (*ramospinto.pt; 20/10 €;* foto) organizan una cata de seis copas y un circuito por las oficinas del s. XIX, con paredes de madera tallada y espectaculares vidrieras, y en **Cockburn's** *(cockburns.com; desde 22 €),* una de las pocas bodegas

MATYAS REHAK/SHUTTERSTOCK ©

que todavía tiene sus propios *tanoeiros* (toneleros) dedicados se realiza un circuito por las salas de envejecimiento repletas de barricas. Si se busca algo más exclusivo, en las bodegas **Niepoort** *(niepoort.pt; desde 45 €)* solo aceptan 24 personas al día. Se requiere reserva.

Oporto con espectáculo

Productor de oporto desde 1859, **Cálem** *(tour. calem.pt; 19 €)* ofrece entretenidos circuitos guiados de unos 30 min que incluyen una proyección de vídeo en una de las enormes barricas de roble usadas para el envejecimiento. La visita termina con una cata de dos vinos de oporto, normalmente un *ruby* y un blanco. También se puede combinar con un espectáculo de fado de 45 min por unos 25 €.

UNA PAUSA
Para no beber con el estómago vacío, se puede comer en uno de los restaurantes de las bodegas, como **Vinum, De Castro Gaia** o **Barão Fladgate.**

CIRCUITO A PIE

Arte y vistas en Gaia

Este paseo por la ribera de Gaia ofrece toda la panorámica de Oporto. Merece la pena aventurarse por sus estrechas calles para descubrir bodegas, museos y alguna que otra obra de arte callejero antes de subir la colina para admirar las dos orillas del río desde el Jardim do Morro o Serra do Pilar.

INICIO	FINAL	DURACIÓN
Ponte Dom Luís I (parada de autobús de Ponte Luís I)	Mosteiro da Serra do Pilar	2,5 km; 1 h

1 Paseo junto al río

Desde Oporto, se cruza la plataforma inferior del Ponte de Dom Luís I y se gira a la derecha hacia la **Avenida de Diogo Leite.** Es el paseo ribereño de Gaia, donde se halla la primera hilera de bodegas, como Cálem, Espaço Porto Cruz y Sandeman.

2 Pausa para el café

Pasadas las primeras calles a la izquierda se toma la estrecha por la Rua de França hasta **7G Roaster,** un torrefactor que sirve café recién tostado y tentempiés como *burrata* con pesto casero.

3 Arte callejero

Se sigue por la Rua Guilherme Gomes Fernandes y luego al oeste hasta toparse con el gigantesco **Conejo de Bordalo II,** hecho de residuos reciclados. Este famoso artista callejero portugués concientiza sobre el consumismo a través de sus coloridas representaciones de animales.

4 Mercado de alimentación

Si se tiene hambre, se baja por la Rua Dom Afonso III hacia el río, y se gira a la izquierda por la Avenida de Ramos Pinto, hasta el cubierto **Mercado Beira-Rio,** donde se puede comprar bacalao, estofado de judías brasileño o *pizza* en sus múltiples puestos.

5 Distrito cultural

Colina arriba, se dedican un par de horas al **WOW,** recorriendo sus museos y tiendas de regalos. Si solo hay tiempo para un museo, que sea Planet Cork, que expone la floreciente industria del corcho de Portugal, uno de los principales productores del mundo.

6 Lugar popular para ver la puesta de sol

Con el **teleférico de Gaia** o por las escaleras se sube al Jardim do Morro para ver la puesta de sol desde la cima.

7 Vistas espectaculares

Una perspectiva un poco más elevada ofrece el **Mosteiro da Serra do Pilar,** un monasterio del s. XVI que destaca por su forma circular.

EXPERIENCIAS

Vistas de postal de Oporto

MIRADORES

El mejor lugar para ver la pintoresca ribera de Oporto es Vila Nova de Gaia. Ya se vislumbra en los 5 min que se tardan en cruzar el **Ponte de Dom Luís I** (PLANO: 1 P. 92 F1). Para ver de cerca los *rabelos* (los barcos que transportaban barricas de vino de Oporto río arriba y abajo), se toma la plataforma inferior desde el Cais da Ribeira. Para una visión más amplia, se toma la plataforma superior desde la Avenida de Vímara Peres hacia el **Jardim do Morro** (PLANO: 2 P. 92 F2). Es un buen lugar para ver la puesta de sol, aunque también se puede subir al Mosteiro da Serra do Pilar (p. 97), del s. XVI, para tener vistas aún más elevadas. Otros lugares ideales para hacer fotos incluyen las terrazas del WOW (p. 93) y el **recorrido del Teleférico de Gaia** (PLANO: 3 P. 92 F2; *gaiacablecar.com; adultos/niños 7/3,50 €*), que conecta el Jardim do Morro con la ribera de Gaia.

COMPARTIR ASIENTO

PLANO: 5 P. 92 C2

El gastronómico **Mercado Beira-Rio** *(mercadobeirario.pt)* es una novedad muy bienvenida al frente ribereño de Gaia. Acoge varios puestos de gestión independiente que ofrecen desde sándwiches *gourmet* a delicias vegetarianas, quesos, postres y helados, sin olvidar una buena selección de vinos. Las mesas compartidas son un hervidero a mediodía.

Crucero por el Duero

PASEOS EN BARCO

Igual que el Cais da Ribeira, Gaia tiene su propio muelle con barcos que recorren el Duero. Los cruceros suelen ser un poco más baratos. Varias compañías ofrecen distintas propuestas, como el Cruzeiro das 6 Pontes, de 50 min, que cruza los seis puentes de la ciudad, o cruceros de un día entero que llevan hasta los viñedos del Duero. Para los recorridos cortos basta con presentarse el mismo día, pero para los demás es mejor reservar. También alquilan canoas en **Douro Vaa** *(20 €)* y catamaranes en **BBDouro** *(bbdouro.com; desde 45 €)*.

Seguir el sendero de la costa

CIRCUITO A PIE

Si apetece una larga caminata, un sendero de 6 km discurre junto al río. Pasa por el pueblo pesquero de Afurada y la Reserva Natural Estuario del Duero, antes de llegar a la **Praia do Cabedelo.** Desde ella, hay otras playas hacia el sur, como la **Praia do Senhor do Mar** (PLANO: 4 P. 92 F4), famosa por su capilla frente al mar encaramada a una roca gigante.

Visita a la Casa-Museu Teixeira Lopes MUSEO

PLANO: 6 P. 92 E4

La **Casa-Museu Teixeira Lopes** *(lu cerrado),* antigua casa y taller del escultor António Teixeira Lopes, que nació y se crio en Vila Nova de Gaia, además de sus esculturas, exhibe una rica colección de muebles antiguos, cerámica, textiles y pinturas de célebres pintores portugueses como Alfredo Keil, José Malhoa y Silva Porto. La entrada es gratis, pero hay que unirse a las visitas guiadas, que comienzan cada 45 min. El taller abre de 9.30 a 16.45, con una pausa para comer entre 11.45 y 14.30.

Explorar el Convento Corpus Christi CONVENTO

PLANO: 7 P. 92 B2

Atrás quedaron los días en que las monjas habitaban el **Convento de Corpus Christi** *(lu cerrado)* del s. XIV. Desde entonces, varias renovaciones lo convirtieron en una escuela primaria, un centro de reintegración social y, desde el 2009, en un espacio cultural que alberga conciertos y exposiciones temporales de arte. Pero todavía quedan vestigios de la iglesia original, como tallas de madera de temática vegetal, techos con pinturas de santos y paneles centrales que ilustran la vida y la muerte de Jesús.

Unirse a las fiestas de São Pedro da Afurada FESTIVAL

Poco después de la gran fiesta de São João (p. 49), Gaia celebra São Pedro, patrón de los pescadores. La fiesta se celebra junto al mar en Afurada y dura cerca de una semana, con numerosos conciertos y desfiles. Culmina con un espectáculo de fuegos artificiales el 29 de junio. Hay puestos de sardinas asadas y *broa de Avintes,* un pan oscuro (pan elaborado con maíz y centeno) típico de Avintes, un pueblecito en el extremo sur de Gaia.

Senderismo por los bosques del Parque Biológico de Gaia RESERVA NATURAL

PLANO: 8 P. 92 F4

Con una extensión de 35 Ha, el **Parque Biológico de Gaia** *(parquebiologico.pt; adultos/niños 3/1 €)* ofrece una muestra del paisaje que antes caracterizaba la región. Hay un centro de recuperación de animales salvajes, un vivero que suministra plantas a los parques y jardines de la ciudad y un sendero de 3 km que discurre entre lagos, casas rurales y molinos restaurados. Un taxi desde el centro de Gaia cuesta unos 10 €.

SUGERENCIAS

Lo mejor para...

€ Económico €€ Medio €€€ Alto

Localizaciones en el plano de la **p. 92**

Comer

Desayunos y 'brunches'

7G Roaster €
9 D2
Sirven un excelente café exprés y tentadores platos de *brunch. roaster. 7groaster.pt; 8.30-18.00*

Restaurantes tradicionales

Taberninha do Manel €€
10 E2
Una terraza con vistas al río y clásicos portugueses bien ejecutados. *taberninhadomanel.comportugal.com; 12.00-23.00 mi-do*

Casa Dias €€
11 B2
Taberna especializada en pescado asado y salchichas portuguesas como *alheira de Mirandela. 12.00-15.00 y 19.00-21.30 ma-sa*

Dom Luís €
12 C2
Clásicos de bacalao, sopas sustanciosas y postres caseros. *12.00-22.00 ma-do*

Toca do Coelho €
13 C2
Local alegre que sirve comida sencilla junto al Mercado Beira-Rio de Gaia. *12.00-18.00 lu-sa*

Comer con vistas

De Castro Gaia €€
14 D2
Oportos a precios razonables, maridados con *petiscos* y platos como arroz de pulpo y carrilleras de cerdo. *espacoportocruz.pt/espaco/restaurante; 12.30-23.00 ma-sa, hasta 19.00 do*

Dona Maria €€€
15 B3
Platos portugueses tradicionales con un toque moderno en la terraza del hotel Lodge. *thelodgeportohotel.com; 12.30-15.00 y 19.30-22.00 lu-vi, desde 13.00 sa y do*

Han Table €
16 B2
Barbacoa al estilo coreano en un local espacioso con vistas a la ribera. *hantablebarbecue.com; 12.00-15.00 y 18.30-23.00*

Marisco

A Margem €€
17 A1
Mariscadas con vistas al Ponte da Arrábida. *amargemrestaurante.pt; 12.00-15.30 y 19.00-22.00*

Alta cocina

Yeatman €€€
18 D4
En el restaurante con estrella Michelin del hotel Yeatman, el chef Ricardo Costa da un toque imaginativo a platos de temporada, como bogavante o faisán, magníficamente maridados con una de las 1000 botellas de vino de su bodega. *the-yeatman-hotel.com; 18.30-20.30 ma-sa*

Vinum €€
19 A1
Desde el restaurante revestido de pino de la bodega Graham se pueden ver las barricas. En el menú, pescado fresco del mercado municipal de Matosinhos y ternera de Trás-os-Montes madurada. *vinumatgrahams.com; 12.15-15.00 y 18.15-22.00*

Mira Mira €€€

20 D3

El chef del Yeatman, Ricardo Costa, ofrece menús de degustación a partir de 80 €. *restaurantes.wow.pt/miramira; 19.00-21.00 ju-lu*

Divino €€

21 E3

Menú degustación de temporada, con vistas. *instagram.com/divino.restaurant.lounge; 12.30-22.30 lu-sa*

Beber

Bares de vinos

Dourum Experience

22 D2

Almacén restaurado donde degustar de tres a seis vinos de la bodega Piano Douro Valley. *dourum.pt; 12.00-20.00*

Dick's Bar

véase 18 D4

Con sofás mullidos para conversar, música en vivo y acceso a una de las mejores bodegas de Portugal. *the-yeatman-hotel.com; 10.00-24.00 do-ju, hasta 1.00 vi y sa*

Solar dos Dragos

23 D2

Los muros de tonos burdeos invitan a entrar en este acogedor bar con cuidadas catas de la bodega Solar dos Dragos. *solardosdragos.com; 13.00-20.00 ju-sa, desde 14.00 ma y mi*

Bares con vistas

360° Terrace Lounge

24 D2

En lo alto del Espaço Porto Cruz, ofrece amplias vistas del Duero y la ciudad. *espacoportocruz.pt; 12.30-24.00 lu-sa, hasta 19.00 do*

Esplanada do Teleférico

25 F2

Al final del Teleférico, este bar acristalado ofrece vistas sensacionales del Ponte de Dom Luís I y Ribeira al otro lado del río. *11.00-21.30*

Churchill's 1982 Garden Bar

26 A1

Cuando se pone el sol, es ideal para degustar el oporto de la casa con vistas a sitios históricos al otro lado del río. *drinkchurchills.com; 14.30-19.30 vi-do*

Angel's Share

27 D3

En el WOW, lleva el nombre del vino que se evapora durante el proceso de envejecimiento (la parte de los ángeles) y es ideal para relajarse con una copa. *16.00-1.00 do-ju, 17.00-2.00 vi y sa*

Comprar

Delicias 'gourmet'

Porto Wine House

28 D2

Buenos oportos blancos, *rubies* y *tawnies*, además de conservas, salazones y otros manjares. Envían a todo el mundo. *portowinehouse.com; 10.00-19.00 lu-sa*

Artesanía y artículos del hogar

Planet Cork Shop

29 D3

Tienda de recuerdos con artículos de papelería, lámparas y salvamanteles de corcho. *10.00-20.00*

Escovaria de Belomonte

véase 29 D3

Sucursal de Escovaria de Belomonte que pone de relieve el arte que requieren las brochas de afeitar o las escobas. *10.00-14.00 y 15.00-19.00*

Claus Porto

véase 29 D3

Aromáticos jabones y cremas de manos de esta marca clásica fundada en 1887. *10.00-20.00*

Sugerencias de lugares para comer, beber y comprar en **p. 114**

Explora
Massarelos

Este discreto barrio acurrucado junto a Miragaia, a orillas del río, ofrece vistas serenas y museos especializados, fuera de las rutas convencionales. El visitante encontrará sosiego en lánguidos paseos por los Jardins do Palácio de Cristal rebosantes de especies botánicas, excelentes vistas de la ciudad en los *miradouros* (miradores) y libros, grabados y cafés exprés en las galerías de Quarteirão Miguel Bombarda. Luego, a orillas del río, esperan tranvías de época o un desafiante ascenso al Ponte da Arrábida.

Cómo desplazarse

Tranvía

El nº 1 y el 18 pasan por los puntos de interés junto al río, como el Museu do Carro Eléctrico y el Ponte da Arrábida. El nº 18 para en la parte inferior de los Jardins do Palácio de Cristal.

Autobús

Varias líneas paran frente a los Jardins do Palácio de Cristal, como la nº 200, que sale de Bolhão y la nº 201, que sale de la Avenida dos Aliados.

Tranvías, Museu do Carro Eléctrico (p. 112).

GEN_SHTAB/SHUTTERSTOCK ©

★

LO MEJOR

JARDINES ROMÁNTICOS
Jardins do Palácio de Cristal (p. 105)

DISTRITO ARTÍSTICO
Quarteirão Miguel Bombarda (p. 108)

PUENTE
Ponte da Arrábida (p. 112)

MUSEO DEL TRANVÍA
Museu do Carro Eléctrico (p. 112)

BAR DE AZOTEA
Miradouro Ignez (p. 115)

0 400 m
R de Entre Campos
Via Panorâmica
Porto School of Architecture
Museu do Carro Eléctrico
R de Ouro
R do Bicalho
R Dom Pedro V
R dos Moinhos
MASSARELOS
R da Piedade
Praça da Galiza
R de Vilar
R de Júlio Dinis
Torre de Pedro-Sem
R da Boa Nova
Quarteirão Miguel Bombarda
R Miguel Bombarda
Rosa et Al
R do Breiner
R do Rosário
Tilsitt Gallery
Ó! Cerâmica
R de Adolfo Casais Monteiro
Circus Network
R Dr T Almeida
R Dom Manuel II
Galeria Municipal
Jardins do Palácio de Cristal
Pavilhão Rosa Mota
Av das Tílias
R Jorge de Viterbo Ferreira
R de Entre Quintas
Casa Tait
Museu Romântico
R Fonte de Massarelos
Alameda Basílio Teles
Porto Sky Experience
Río Duero
R da Restauração
Igreja do Corpo Santo de Massarelos
Cais das Pedras
R de Monchique
Largo da Alfândega
R da Bandeirinha
R Alberto A Gouveia
Campo dos Mártires da Pátria
R de Miragaia
R Armazéns
R Nova da Alfândega
Más información
Imprescindible p. 105
Experiencias p. 112
Comer p. 114
Beber p. 115
Comprar p. 115

★ IMPRESCINDIBLE

Jardins do Palácio de Cristal

Encaramado sobre un peñasco, este espléndido jardín botánico es una de las escapadas más populares de Oporto, con prados entrecruzados por senderos moteados por el sol, salpicado de fuentes y esculturas, a la sombra de gigantes magnolios, camelias, cipreses y olivos. Y entre medias, espacios culturales y algún que otro pavo real.

PLANO: P. 104 **D2**

Jardines

Proyectados en el s. XIX por el arquitecto paisajista Émile David, son aptos para todos los públicos, desde parejas a familias, corredores y fotógrafos. Hay mucho por explorar: tramos de bosque con laureles y camelias, áreas de pícnic en la hierba y un jardín de rosas y hierbas aromáticas. El Jardim dos Sentimentos (Jardín de los Sentimientos) esconde la hermosa escultura de bronce *A Dor* de António Teixeira Lopes, que representa una mujer doliente, mientras que, en la entrada al Jardim Emílio David, se erige *Las cuatro estaciones*, un conjunto de estatuas que representan las cuatro estaciones, del escultor francés Mathurin Moreau. Otros elementos destacados son la pequeña gruta Camões en la ladera occidental del parque y los palmerales mexicanos en el sur.

'Miradouros'

En el extremo sur varios miradores ofrecen espléndidas vistas en primera línea de la ciudad: el Ponte de Dom Luís I aupado sobre el brillante río Duero, el centro histórico y las bodegas escalonadas en la

CONSEJO

Al ponerse el sol, el cielo se tiñe de rosa sobre Oporto y se encienden las luces de las bodegas en la otra orilla.

Escanea este código QR para ver el mapa de los jardines.

SAIKO3P/SHUTTERSTOCK ©

UNA PAUSA
Los más *gourmets* disfrutarán en el cercano restaurante con estrella Michelin **Antiqvvm;** si no, enfrente está el patio del **Borboleta.**

ladera en Vila Nova de Gaia. Desde el **Miradouro da Arrábida,** al oeste, se ve el Ponte da Arrábida (p. 112); para una perspectiva más elevada, hay que ir hacia el sur y subir la torre de granito del **Miradouro da Torre.**

Arte y sitios históricos

En las faldas occidentales del jardín, se esconde la pequeña pero lujosa casa donde pasó sus últimos días el exiliado rey Carlos Alberto de Cerdeña, en 1843. Después, se convirtió en el **Museu Romântico** *(adultos/niños 5 /gratis),* que exhibe en sus románticos salones las pertenencias del rey, pinturas al óleo y muebles de época. Enfrente está la **Casa Tait,** una casa adosada del s. xx que perteneció al comerciante de vino William Tait. En los jardines de los alrededores hay rosales y un majestuoso tulipero. Cerca de la entrada, la **Galeria Municipal** es una galería de arte con exposiciones temporales gratuitas. También cuenta con un café y una biblioteca.

Avenida das Tílias

El sol se filtra a través de los árboles de lima que bordean orgullosamente la avenida central del jardín. Cada año, en septiembre, aquí se instala la **Feira do Livro** *(feiradolivro.porto.pt)*, la feria del libro anual de Oporto. Aquí también se halla la Capela de Carlos Alberto, una pequeña capilla en honor al rey de Cerdeña y la Concha Acústica, un quiosco que suele albergar eventos en verano, como el **Porto Blues Fest** *(portobluesfest.pt)*.

Pavilhão Rosa Mota

Construido para sustituir el Palácio de Cristal original en la década de 1950, este notable pabellón con cúpula se inauguró con una competición de *hockey* sobre patines. Sin embargo, no fue hasta 1991 cuando adquirió su nombre actual, en homenaje a la corredora de maratones Rosa Mota, la primera mujer que ganó una medalla de oro olímpica para Portugal. Hoy en día alberga una biblioteca multimedia, un auditorio y un café, además de eventos deportivos, exposiciones y representaciones teatrales y musicales. **Porto 360** *(superbockarena.pt/visitar/porto-360; 12,50 €)* ofrece una visita guiada de 40 min a la cúpula, con vistas panorámicas de la ciudad, desde la Torre dos Clérigos al Mosteiro da Serra do Pilar en Gaia.

Lagos y fuentes

El lago central se encuentra detrás del Pavilhão Rosa Mota y es un lugar tranquilo, con patos. También hay varias fuentes y el diminuto Lago dos Cavalinhos ("lago de los caballitos"), con una llamativa escultura de un caballero.

EL PALACIO PERDIDO

El arquitecto inglés Thomas Dillen Jones diseñó una estructura de cristal y hierro que se construyó en el jardín en el marco de la exposición internacional de Oporto en 1865. Miembros de la familia real británica asistieron a la inauguración.

EN SINTONÍA

Durante el festival Porta Jazz ao Relento *(portajazz.com)* a finales de julio, se celebran conciertos de *jazz* gratuitos. El lugar de reunión suele ser el Lago dos Cavalinhos.

★ IMPRESCINDIBLE

Quarteirão Miguel Bombarda

Oporto es un hervidero de nuevas energías y creatividad emergente en torno a la Rua de Miguel Bombarda, cubierta de grafitis. Una ojeada a sus galerías, *boutiques* y cafés muestra la ciudad desde un ángulo más urbano y provocador. Si se quiere sintonizar con el ritmo artístico del Oporto del s. XXI, este es el lugar.

PLANO: P. 104 **D2**

CONSEJO
Conviene estar al tanto de las Inaugurações Simultâneas *(instagram.com/bombarda_portoartdistrict)*, una serie de eventos anuales que engloban exposiciones, circuitos de galerías y talleres.

Escanea este código QR para ver el mapa de los puntos de interés del barrio.

Recorrer las galerías

Se podría pasar toda una tarde entrando y saliendo de las galerías de la Rua de Miguel Bombarda y la Rua do Rosário. Entre semana, lo mejor es ir en torno a las 15.00 y luego, aprovechar para mirar escaparates en busca de obras de arte. Ó! Galeria (p. 115) y **Circus Network** están especializadas en arte urbano e ilustraciones, Cruzes Canhoto (p. 111) se centra en esculturas de estilo primitivo y pinturas, y **Tilsitt Gallery** muestra obras contemporáneas de artistas emergentes locales e internacionales.

Manualidades

Quien quiera dar rienda suelta a la creatividad, puede dirigirse a **Ó! Cerâmica** (de los mismos que dirigen Ó! Galeria), donde ofrecen talleres de cerámica intensivos o clases de un mes *(ceramica.ogaleria.com; desde 40 €/persona)*, o comprobar si tiene mano para la cocina portuguesa en una clase culinaria en **Rosa et Al** *(rosaetal.com; 90 €/persona);* mínimo tres personas por clase.

Coleccionismo

En Matéria Prima (p. 115) venden vinilos y publicaciones de temática musical; enfrente, **CC Bombarda** (p. 115) es una pequeña galería comercial de

NIGEL JARVIS/SHUTTERSTOCK ©

tiendas conceptuales alternativas que venden de todo, desde joyas artesanales a objetos de corcho. Para ver más tiendas, se gira a la derecha por la Rua do Rosário; allí, en el nº 193, está Patch (p. 115), que vende ropa *vintage* y cerámica, y CRU (p. 115), una tienda de diseño, espacio de *coworking* y café, todo en uno.

Arte callejero

La vistosa imagen de Don Quijote y Sancho Panza en la **Rua de Diogo Brandão** fue el primer mural legal de Oporto. Presentado con la ayuda de la galería Circus Network, es una colaboración de tres artistas radicados en Oporto: Mesk (autor de los ratones distribuidos por la ciudad), Mots (que diseñó el futurista caballo Rocinante) y Fedor (famoso por sus personajes estilo cómic).

UNA PAUSA
Entre galería y galería, **Hakko,** en la Rua do Rosário, es un colorido local que sirve *brunches* y deliciosa pastelería.

CIRCUITO A PIE

Las calles de Massarelos

Al oeste del centro, este paseo permite explorar galerías de arte independientes, un encantador jardín, la residencia de un rey exiliado y unas escaleras de adoquines que descienden hasta el río. Desde aquí, se puede seguir a pie o tomar el tranvía hasta las siguientes paradas.

INICIO	END	DURACIÓN
Rua de Miguel Bombarda (parada de autobús de Miguel Bombarda)	Miradouro Ignez	3,6 km; 2 h

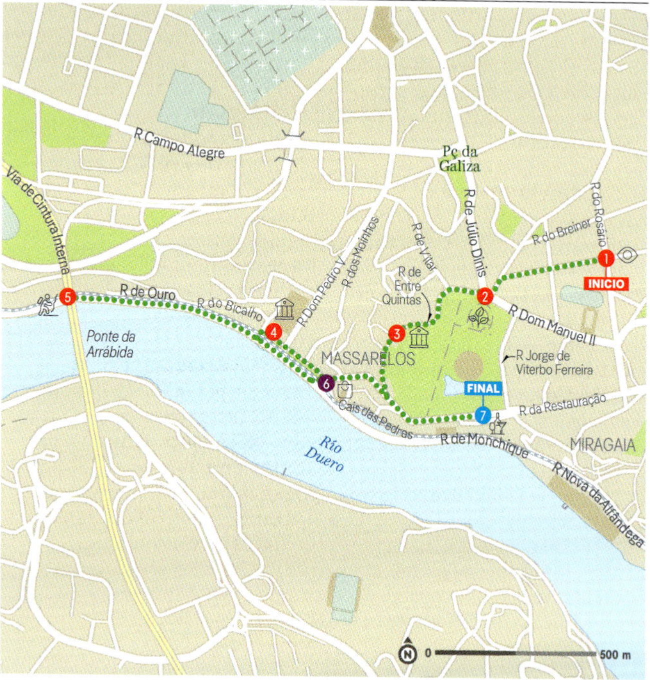

1 La calle de las galerías

Se empieza el paseo en la **Rua de Miguel Bombarda,** una calle bordeada de galerías y tiendas independientes. En Ó! Galeria (p. 115) exhiben ilustraciones coloridas, en Matéria Prima (p. 115) se pueden consultar libros de temática musical y en Cruzes Canhoto exponen esculturas con influencias de los movimientos brutalista, folk y primitivismo.

2 Interludio en el jardín

Al final de la calle, se gira a la izquierda hacia los **Jardins do Palácio de Cristal,** un hermoso jardín con terrazas que dan al río, una galería de arte gratis, un lago y curiosos pavos reales deambulando por el césped.

3 Retiro romántico

Enclavada en las laderas meridionales de los jardines, debajo de robles y sicómoros, hay una pequeña casa señorial donde el rey de Cerdeña pasó sus últimos días de exilio. Después, se transformó en el **Museu Romântico,** un atractivo museo que exhibe las pertenencias del monarca y refinados muebles de época en sus elegantes salones.

4 Tranvías de época

Se serpentea escaleras abajo por la Escadaria Entre-Quintas hasta la orilla del río. Luego, se siguen las vías del tranvía hasta el **Museu do Carro Eléctrico,** que exhibe una colección de los tranvías de época que antes atravesaban la ciudad.

5 Vistas al río

A 10 min hacia el oeste está el **Ponte da Arrábida.** Con un arco de 270 m de descenso, este imponente puente fue diseñado por el eminente ingeniero civil portugués Edgar Cardoso. Quien no tema a las alturas, puede subir para gozar de increíbles vistas del río.

6 Más arte

Se retrocede por la ribera o se sube a un tranvía y se baja en el Cais das Pedras para visitar la **Kubik Gallery.** Este espacio contemporáneo muestra en sus exposiciones temporales obras de artistas establecidos y emergentes portugueses e internacionales.

7 Pausa reconfortante

Se sigue por la Rua da Restauração, procurando no pasar por alto **Miradouro Ignez,** un bar oculto de ambiente relajado con vistas al río, ideal para sentarse y pedir un *porto tónico* para terminar el día con estilo.

EXPERIENCIAS

Subir al Ponte da Arrábida

PUENTE

Oporto tiene puentes impresionantes, y aunque el Ponte de Dom Luís I es el más famoso (el que se parece a la Torre Eiffel), el **Ponte da Arrábida** (PLANO: 1 P. 104 **A2**) también es una maravilla y era el puente de arco de hormigón más grande cuando se terminó en 1963. Si se quiere gozar de vistas con emociones fuertes, solo hay que ponerse un arnés y subir al icónico arco con **Porto Bridge Climb** (PLANO: 2 P. 104 **A2**; *portobridgeclimb.com; 20 €*).

Ver tranvías de época en el Museu do Carro Eléctrico

MUSEO

PLANO: 3 P. 104 **B2**

Ubicado en una antigua central eléctrica, el **Museu do Carro Eléctrico** (*museudocarroelectrico.pt; adultos/niños 8/4 €*) ofrece una fascinante perspectiva del transporte público de Oporto a lo largo de los años. Docenas de antiguos tranvías magníficamente restaurados reposan en un gigantesco almacén a orillas del río, desde modelos de la década de 1870 tirados por mulas, a veloces vagones aerodinámicos de la década de 1930 color amarillo abeja. La mayoría están cerrados, pero hay uno que se puede visitar (el que no está acordonado) y permite ver de cerca los asientos de época bien conservados y el volante. El resto de la exposición incluye un puñado de autobuses y algunos vehículos que se usaban para reparar las líneas eléctricas. Antes de partir, no hay que olvidar subir al piso de arriba para ver las máquinas que antes proporcionaban energía a la ciudad.

Volar en helicóptero con Porto Sky Experience

EXCURSIÓN EN HELICÓPTERO

PLANO: 5 P. 104 **B3**

Para ver las laberínticas calles y el impresionante río a vista de pájaro, **Porto Sky Experience** (*portohelicopters.com; vuelos desde 249 €*) ofrece vuelos de 10, 15 o 20 min en el helicóptero Helitour. Se sobre-

UNA TORRE MEDIEVAL

Al llegar a LA Rua da Boa Nova (hacia el final de la Rua de Miguel Bombarda) no se puede evitar ver la **Torre de Pedro-Sem** (PLANO: 4 P. 104 **D2**), una torre medieval que antaño fue un hospital para enfermos de peste. Adquirida más tarde por la diócesis de Oporto, acogió el palacio episcopal antes de que se trasladara a su ubicación actual cerca de la Sé. Aunque el edificio contiguo ha perdido gran parte de su aura medieval, la torre sigue prácticamente intacta.

vuelan los principales puntos de interés como la Torre dos Clérigos, el Ponte de Dom Luís I y las playas antes de regresar de nuevo al helipuerto sobre el río.

Admirar los azulejos de la Igreja do Corpo Santo de Massarelos

IGLESIA

PLANO: 6 P. 104 C3

Elevándose sobre el margen del río con una fachada adornada de azulejos blancos y azules, la **iglesia parroquial de Massarelos** se construyó en 1776 en el lugar donde antes estaba la capilla de la Confraria das Almas do Corpo Santo de Massarelos en 1394. El príncipe Enrique el Navegante perteneció a esta hermandad de marineros, y el famoso explorador aparece en un panel de azulejos en la parte posterior de la iglesia que da al río.

Seguir senderos románticos

RUTAS DE SENDERISMO

Massarelos está lleno de senderos ocultos que viajan al Oporto del s. XIX, pasando por residencias de antiguas familias inglesas y calles adoquinadas bordeadas de hermosos jardines que dan la sensación de hallarse en un pueblo. En 2022, la ciudad creó los **Caminhos do Romântico,** una serie de senderos señalizados que cruzan esta zona. **Architectours Porto** *(architectoursporto.com; adultos/niños 30 €/gratis)* ofrece visitas guiadas a algunos de estos lugares, pero también se pueden recorrer por cuenta propia en torno a Escadaria Entre-Quintas y Travessa do Campo do Rou.

Ver arte y arquitectura

RECINTO UNIVERSITARIO

Oculto en el recinto universitario de Oporto, en una pequeña zona de entretenimiento, se encuentra el **Teatro Campo Alegre** (PLANO: 7 P. 104 A1; *teatromunicipaldoporto.pt*). Proyecta películas independientes y representaciones contemporáneas, incluso una mirada ocasional al **Festival Internacional das Marionetas** *(fimp.pt)*.

Los estudiantes de arquitectura disfrutarán con la **Porto School of Architecture** (PLANO: 8 P. 104 A2; *arq.up.pt*), un edificio modernista diseñado por el premiado arquitecto Álvaro Siza Vieira. Organizan visitas guiadas durante todo el año, excepto en julio y agosto. Se requiere un mínimo de seis personas y reservar con antelación por correo electrónico *(visitas@arq.up.pt)*.

SUGERENCIAS

Lo mejor para...

Localizaciones en el plano de la **p. 104**

€ Económico €€ Medio €€€ Alto

Comer

Desayunos y 'brunches'

Hakko €
9 E1
Huevos turcos, tostada francesa con cardamomo y café de especialidad. *instagram.com/hakko_house. 9.00-16.00 ma-sa*

Rosi Café & More €
10 E1
De una pareja ucraniana sirven *syrnyky* (panqueques de queso) y clásicos de *brunch*. *10.00-17.00*

Bicho Porto €
11 F1
Panadería de baja fermentación sirve *focaccia* a tortillas, pasteles y más. *10.00-18.00 mi-vi, hasta 16.00 sa y do*

Restaurantes tranquilos

Borboleta €€
12 D2
Agradable restaurante vegetariano frente a los Jardins do Palácio de Cristal. *borboleta.restaurant; 12.00-15.00 y 19.00-23.00 mi-sa, 12.00-17.00 do*

Generosa Pão e Pizza €
13 F1
Deliciosas *pizzas, focaccias* y hogazas salen del horno de este sitio de comida para llevar. *instagram.com/generosa.porto; panadería 10.00-18.00, pizzas 17.30-22.00*

Xau Laura €
14 E2
Popular para tomar un tentempié en la terraza con vistas a la Rua de Miguel Bombarda. *12.00-23.00 ma-sa*

Vegano

Apuro €
15 F1
Platos contundentes estilo boles de falafel, junto a exposiciones de arte y noches de concursos en inglés. *apurobar.pt; 12.30-23.00 lu, ma y ju, hasta 24.00 vi, 13.00-24.00 sa*

Cocina tradicional

Caseirinho €
16 C3
Comida portuguesa como platos de pescado y *tripa à moda do Porto* (callos al estilo de Oporto, con judías blancas). *12.00-22.00 lu-sa*

Papavinhos €€
17 D4
Taberna familiar que prepara generosas porciones de comida casera. Las mesas con vistas. *12.00-15.00 y 19.00-22.00 mi-do, cena solo ma*

Con un toque contemporáneo

Basquiat €€
18 E3
Muy recomendable es el tartar de bacalao con espuma de garbanzos y un *crumble* de hierbas picante. *12.00-21.00 mi-do*

Antiqvvm €€€
19 C3
El restaurante con estrella Michelin capitaneado por Vítor Matos elabora platos basados en ingredientes con sabor y arte. *antiqvvm.pt; 12.30-13.30 y 19.30-20.30 ma-sa*

Restaurante Semea €€€
20 C3
El chef Vasco Coelho Santos prepara platos con influencias portuguesas y españolas. *semeabyeuskalduna.pt; 18.30-24.00 ma-vi, 13.00-15.00 y 18.0-24.00 sa*

Massarelos. *12.00-23.00 lu-sa, hasta 20.30 do*

Beber

Casa de té

Rota do Chá

21 E2

Tranquila casa de té con un recóndito jardín trasero. *rotadocha.com; 12.00-19.00*

Vinos y cócteles

Nope Bar

22 F2

Vino, cerveza artesanal y juegos de mesa se combinan en este bar y galería de estilo industrial. *18.00-24.00 lu-sa*

Vintu

23 F1

Una gran variedad de ceviches (incluso opciones veganas) marida a la perfección con vinos de baja intervención. *17.00-24.00 mi-do*

Genuíno

24 F1

Vino natural de todos los rincones del mundo maridado con tentempiés caseros. También tienen una buena selección de vermuts. *18.00-23.00 lu-sa*

Miradouro Ignez

25 D3

Esta azotea se ha puesto rápidamente de moda en Massarelos. *12.00-23.00 lu-sa, hasta 20.30 do*

Cais Nobre

26 C3

Sirven cócteles inspirados en expediciones marítimas portuguesas. *caisnobrecocktails.com; 16.00-1.00 ma-do*

Comprar

Arte y diseño

CRU

27 E2

Un lugar ideal para encontrar piezas de diseño modernas y charlar con sus creadores. *crucreativehub.com; 10.00-19.30 lu-sa*

CC Bombarda

28 F2

Galería comercial que alberga una mezcla de tiendas conceptuales. *instagram.com/ccbombarda; 11.00-19.00 lu-sa*

Ó! Galeria

29 F2

Ofrece ilustraciones, con exposiciones mensuales que destacan artistas específicos. *ogaleria.com; 13.00-19.00 lu-sa*

Colectivo Besta

véase 10 E1

Galería colectiva con postales, serigrafías y óleos. *colectivobesta.com; 11.00-19.00 ma-sa*

Libros y vinilos

Matéria Prima

30 F2

Tienen discos y libros de temática musical que no se encuentran en otras tiendas. *materiaprima.pt; 11.00-19.00 lu-sa*

Moda y accesorios

Monseo

31 A2

Boutique con joyas de diseño portugués. *monseo.com; 10.00-13.00 y 14.00-19.00 lu-vi*

Patch

32 E2

Esta tienda conceptual combina ropa *vintage* y cerámica portuguesa clásica. *facebook.com/patch.porto; 11.00-19.30 lu-sa*

Scar Id Store

33 E1

Moderna tienda conceptual que vende obras de diseñadores portugueses. *scar-id.com; 10.00-19.00 lu-vi, hasta 20.00 sa*

Kuri Kuri

34 E1

Tienda de temática japonesa que tiene de todo, desde boles de salsa de soja a batidores de matcha y kimonos. *kurikurishop.pt; 14.00-19.00 ma-sa*

Sugerencias de lugares para comer, beber y comprar en **p. 126**

Explora
Boavista

La Avenida da Boavista, la más larga de la ciudad, se abre paso a través del barrio con sus bares de azotea y sus fantásticos hoteles. Además de la posmoderna sala de conciertos Casa da Música, las calles menos turísticas (aunque con mucho tráfico) albergan jardines botánicos, una sinagoga y un bullicioso mercado de alimentación. Sin embargo, ningún otro edificio de la ciudad tiene más poder de atracción que la Casa da Música, obra de Rem Koolhaas. Vale la pena visitar el interior vanguardista, sentarse en su café y ver las piruetas de los patinadores en sus ondulados alrededores, para luego dirigirse a las tiendas de chocolate y encantadores espacios verdes calle abajo.

Cómo desplazarse

Metro

Las cinco líneas de metro pasan por la estación de Casa da Música, la más cercana a esta sala de conciertos y otros puntos de interés como el Mercado Bom Sucesso. Al salir, se sigue la calle hacia la rotonda, ya en pleno corazón de Boavista.

Autobús

STCP opera varios autobuses desde el centro de la ciudad hasta la Casa da Música. Para ir al Jardim Botânico do Porto, se toma el nº 200 o 207 desde la Praça Dom João I, cerca de la Avenida dos Aliados.

LO MEJOR

SALA DE CONCIERTOS
Casa da Música (p. 119)

JARDÍN BOTÁNICO
Jardim Botânico do Porto (p. 123)

MERCADO DE ALIMENTACIÓN
Mercado Bom Sucesso (p. 124)

SINAGOGA
Sinagoga Kadoorie (p. 124)

MUSEO INTERACTIVO
Galeria da Biodiversidade (p. 124)

Mercado Bom Sucesso (p. 124).

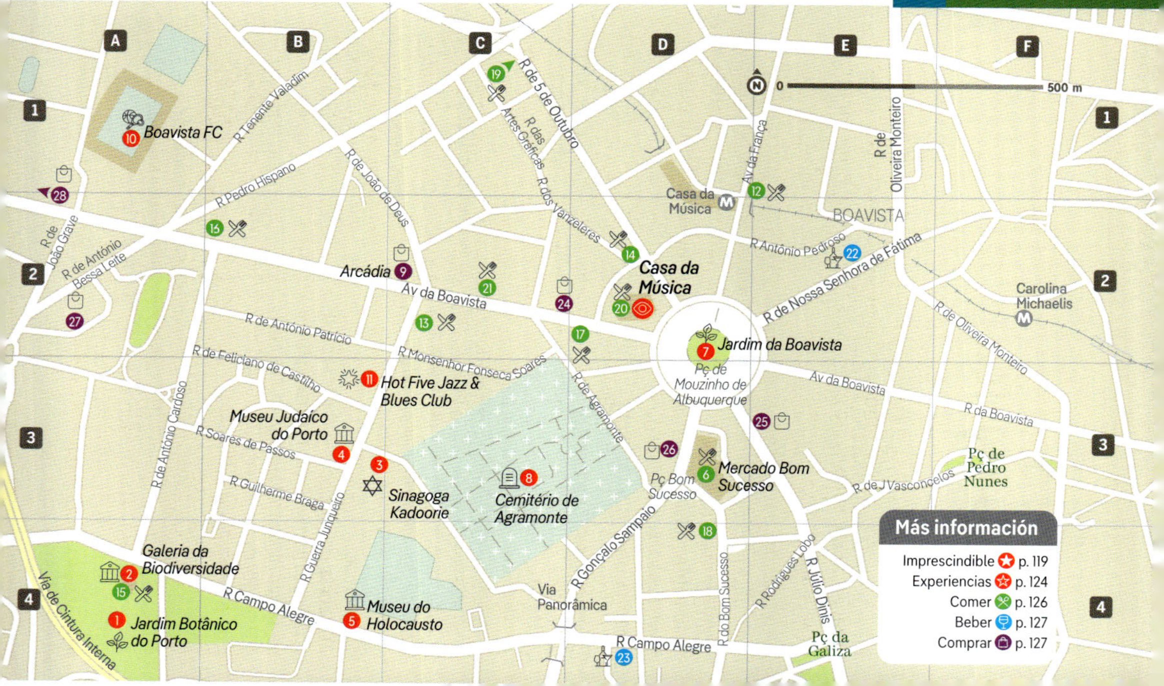
Boavista FC
Arcádia
Casa da Música
Jardim da Boavista
Pç de Mouzinho de Albuquerque
Hot Five Jazz & Blues Club
Museu Judaico do Porto
Sinagoga Kadoorie
Cemitério de Agramonte
Mercado Bom Sucesso
Pç Bom Sucesso
Galeria da Biodiversidade
Jardim Botânico do Porto
Museu do Holocausto
Casa da Música
Carolina Michaelis
BOAVISTA
Pç de Pedro Nunes
Pç da Galiza
Via Panorâmica
Via de Cintura Interna
R Tenente Valadim
R Pedro Hispano
R de João de Deus
R de 5 de Outubro
R das Artes Gráficas
R dos Vanzeleres
Av da Boavista
Av da França
R de Oliveira Monteiro
R António Pedroso
R de Nossa Senhora de Fátima
R de António Patrício
R Monsenhor Fonseca Soares
R de Feliciano de Castilho
R Soares de Passos
R Guilherme Braga
R Guerra Junqueiro
R de António Cardoso
R Campo Alegre
R de Agramonte
R Gonçalo Sampaio
R do Bom Sucesso
R Rodrigues Lobo
R Júlio Dinis
R de J Vasconcelos
R da Boavista
R de João Grave
R de António Bessa Leite
0 500 m
Más información
Imprescindible p. 119
Experiencias p. 124
Comer p. 126
Beber p. 127
Comprar p. 127

★ IMPRESCINDIBLE

Casa da Música

Es el corazón de la escena cultural de la ciudad y sede de la Orquestra Sinfónica do Porto. El arquitecto neerlandés Rem Koolhaas sacudió el mundo de la música con esta cristalina creación. Este coloso encierra una sala de conciertos en forma de caja de zapatos muy apreciada por su acústica.

PLANO: P. 118 **D2**

Arquitectura llamativa

La **Casa da Música** es un polo de atracción. Desde la distancia, parece armoniosa y grandiosa, pero la perspectiva se distorsiona al acercarse a la fachada. En forma de polígono irregular, este diamante en bruto parece teletransportado desde otro tiempo y lugar. Revestido de mármol de travertino de tonos dorados rosados, la plaza de enfrente es un hervidero de patinadores que vuelan sobre sus ondulaciones. Fue concebido por el arquitecto neerlandés Rem Koolhaas para celebrar el nombramiento de Oporto como Capital Europea de la Cultura en el 2001, pero no se inauguró hasta la primavera del 2005.

Maravilla acústica

Éxito arquitectónico, la **Sala Suggia,** el auditorio principal, con capacidad para 1300 personas, emplea madera contrachapada, paredes de cristal con doble curvatura y sillas especialmente adaptadas para mejorar la acústica. El nombre rinde tributo a la famosa chelista portuense Guilhermina Suggia (1885-1950). Las paredes están laminadas en oro como si fueran vetas de la madera y es la única sala de conciertos del mundo exclusivamente iluminada con luz natural; los conciertos durante el día son

CONSEJO
Las visitas guiadas para el público anglosajón, a las 12.00 y 16.30 *(excepto ma y ju)* cuestan 12 € y ofrecen una excelente visión del edificio.

Escanea este código QR para consultar los últimos espectáculos o reservar la visita guiada.

VIDALGO/SHUTTERSTOCK ©

UNA PAUSA
Terminada la visita, es buena idea sentarse en el café o tomar el ascensor al restaurante con vistas y comida mediterránea con un toque diferente.

realmente especiales. Las entradas tienen un precio único porque gracias a la fantástica acústica no hay asientos malos. La Orquesta Sinfónica de Oporto suele ensayar aquí y es posible asistir a sus pruebas de forma gratuita, previa reserva. También destacan dos órganos a la derecha, uno es una réplica de un órgano barroco mexicano y el otro, del período romántico. Juntos rinden homenaje a distintas eras de la historia de la música. Una perspectiva más elevada del auditorio ofrece la ventana de **Cibermúsica,** una sala de color menta cubierta de goma y espuma insonorizada. Hay una pequeña muestra de este material en un panel independiente para tocar la textura sin dañar la pared.

Azulejos tradicionales

Rem Koolhaas juega con los lazos entre Portugal y los Países Bajos en la notable **Sala VIP,** revestida de azulejos. Unos paneles azules y blancos adornan las paredes, réplicas de los de la **estación de trenes de São Bento** que representan la conquista de Ceuta en 1415 y figuras nacionales como Enrique el Navegante (p. 47). Un guiño a la patria de Koolhaas (y que Róterdam compartiera la designación de Capital de la Cultura con Oporto), la otra pared está adornada con motivos de estética Delft. Resalta un azulejo mal colocado en uno de los paneles, un defecto intencionado muy habitual en los azulejos del arte islámico, donde se valoran las pequeñas imperfecciones para recalcar que solo Dios puede crear la belleza perfecta.

ENSAYOS ABIERTOS

A través de *info@casadamusica.com* se puede saber cuándo es el próximo *ensaio aberto* (ensayo abierto) de la Orquesta Sinfónica de Oporto (gratis).

Sala del Renacimiento

Todo es una ilusión óptica en esta curiosa sala, adornada con azulejos geométricos en 3D que descentran deliberadamente al visitante. Estos azulejos cúbicos reflejan estilos renacentistas que jugaban con la perspectiva, también muy populares durante el movimiento *op art* de la década de 1960. Pueden verse ejemplos a pequeña escala de este diseño en otros edificios de Portugal, como la Sala dos Árabes del Palácio Nacional da Pena, en Sintra.

ESPECTÁCULOS FAMILIARES

Los Primeiros Concertos ("primeros conciertos"), que combinan varios estilos, están destinados a bebés y niños, para que interactúen desde muy pequeños con la música.

Sala de juegos

Generalmente usada para los talleres infantiles, la **Sala Laranja** (sala Naranja) forma parte de la visita guiada del edificio. Es una de las pocas salas sin luz natural directa, pero no se nota gracias a unos focos estratégicamente posicionados. Los niños (y adultos) adoran lanzarse por el tobogán naranja enmoquetado o bailar sobre el suelo plateado, que hace sonar distintos instrumentos según como se colocan o se mueven los pies. Con varias personas a la vez se puede crear una melodía.

CIRCUITO A PIE

Rincones de Boavista

En la extensa Avenida da Boavista se encuentra la atracción más impresionante del barrio, la Casa da Música, pero las calles laterales esconden mucho más, desde un concurrido mercado de alimentación a una tranquila sinagoga y unos jardines botánicos con un museo dedicado a la biodiversidad. El metro deja en el punto de partida.

INICIO	FINAL	DURACIÓN
Ponto 2 (estación de metro de Casa da Música)	Cemitério de Agramonte	4 km; 2 h

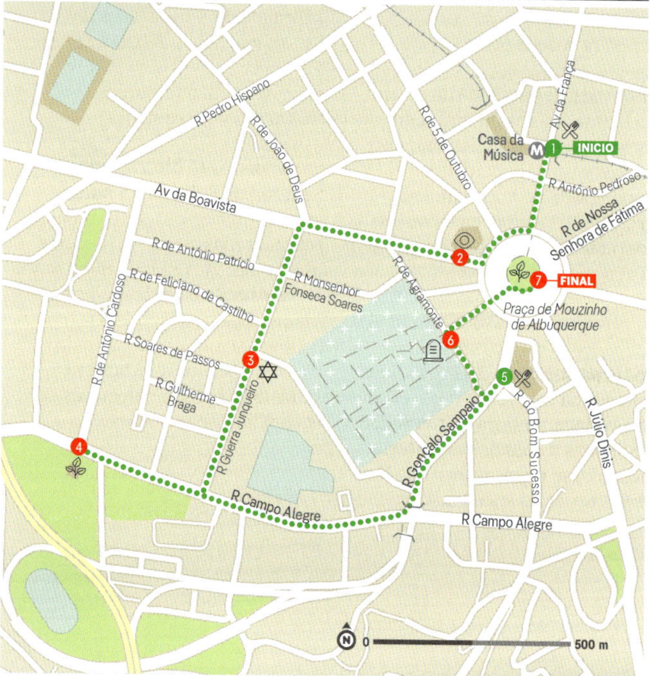

1 Dulce o salado

Se empieza el día desayunando en **Ponto 2,** cerca de la estación de metro de Casa da Música, con un café y una pasta dulce o salada.

2 Un emblema moderno

Se sigue la Avenida de França hasta la rotonda de Boavista, donde pronto aparece la **Casa da Música,** uno de los edificios modernos más emblemáticos de la ciudad. La recomendable visita guiada ayuda a entender la visión detrás de esta sala de conciertos.

3 Patrimonio judío

La única **sinagoga** de Oporto se erige entre edificios residenciales en la Rua Guerra de Junqueiro. Es la más grande de la península ibérica y un recordatorio de la importancia de la comunidad judía local. Para visitar el museo contiguo, hay que enviar un correo electrónico.

4 Maravillas naturales

Entre los frondosos senderos del **Jardim Botânico do Porto,** ideales para pasear, la Galeria da Biodiversidade muestra la diversidad de plantas y animales. En Maria Dentada, se puede tomar una limonada con vistas a los jardines.

5 Zona de restauración

Para abrir el apetito, se camina 20 min hasta el **Mercado Bom Sucesso;** en verano, mejor ir en autobús o taxi. En el interior, hay desde *francesinhas* (sándwich típico) a marisco a buen precio.

6 Joyas arquitectónicas

Luego se entra en el **Cemitério de Agramonte,** uno de los camposantos más hermosos de Oporto. Los residentes más acomodados financiaron sus monumentos y exuberantes mausoleos, algunos adornados con esculturas de Soares dos Reis y Teixeira Lopes. Es especialmente atractivo en primavera cuando florecen las magnolias y las camelias.

7 Una pausa bienvenida

Se termina el día en un parque situado en el centro de una de las rotondas más concurridas. Sombreado refugio del bullicio urbano, el **Jardim da Boavista** alberga el Monumento aos Heróis da Guerra Peninsular, que conmemora la victoria portuguesa y británica sobre las tropas napoleónicas en el conflicto de 1808-1814.

EXPERIENCIAS

Paseo por el Jardim Botânico
JARDÍN BOTÁNICO

Gestionado por la Facultad de Ciencias de la Universidad de Oporto, el recóndito **Jardim Botânico do Porto** (PLANO: 1 P. 118 **A4**; *gratis*) es un oasis de frescor en los calurosos días de verano. Diseñado en estilo romántico en 1895, a petición del comerciante portuense João Henrique Andresen, cuenta con lagos y gran profusión de suculentas, rosas y camelias. Se recomienda pagar el precio adicional para entrar en la **Galeria da Biodiversidade** (PLANO: 2 P. 118 **A4**; *adultos/niños 5/2,50 €; cerrado lu y de 13.00 a 14.00 para almorzar*), un museo interactivo con exposiciones sobre biodiversidad, como unos huevos clasificados por tamaño e imágenes en infrarrojos que representan cómo la serpiente ve a su presa.

Descubrir el patrimonio judío de Oporto
SINAGOGA

La comunidad judía de Oporto se reúne en la **Sinagoga Kadoorie** (PLANO: 3 P. 118 **B3**) desde su fundación en 1938. Los judíos pueden asistir a una ceremonia enviando un correo electrónico. Los visitantes tienen el circuito del **Museu Judaíco do Porto** (PLANO: 4 P. 118 **B3**; *mjporto.com; gratis*), que documenta la travesía de los judíos de Oporto desde su llegada hasta la segregación en barrios como Miragaia. A pocos minutos a pie, el **Museu do Holocausto** (PLANO: 5 P. 118 **B4**; *mhporto.com; gratis*) retrata su vida antes del Holocausto y la expansión nazi por Europa. Ambos museos requieren reserva previa.

Abastecerse en los puestos del Mercado Bom Sucesso
MERCADO DE ALIMENTACIÓN

PLANO: 6 P. 118 **D3**

Los amantes de la buena comida disfrutarán en el Mercado Bom Sucesso *(mercadobomsucesso.pt)*, un espacio perfecto para picotear con puestos que venden de todo, desde perritos calientes a empanadas y vino. El **Nata do Mercado** es un buen lugar para tomar café y *pastéis de nata* (tartas de crema) recién hechos. **Cremosi** es el vendedor de helados más popular, **Lado B** prepara *francesinhas* adictivas y **Mariscaria Bom Sucesso** sirve fuentes de marisco a buen precio. La pequeña charcutería **Pérola do Bom Sucesso** abastece a los residentes desde 1961.

Visitar el Cemitério de Agramonte
CEMENTERIO

PLANO: 8 P. 118 **C3**

Abierto en 1855 para enterrar a las víctimas de una epidemia de cólera, el **Cemitério de Agramonte** es uno de los camposantos más hermosos de Oporto. Más que un lugar de reposo final es un museo al aire libre donde el visitante encontrará elaborados mausoleos, estatuas y capillas que reflejan los estilos arquitectónicos del s. XIX y principios del XX. Aquí están enterradas figuras tan notables como la chelista Guilhermina Suggia y el director de cine Manoel de Oliveira, por lo que tiene una gran importancia cultural e histórica. Las pacíficas avenidas bordeadas de árboles invitan a una tranquila reflexión, mientras que las elaboradas tumbas y esculturas ofrecen una perspectiva de las tendencias artísticas y los valores sociales de períodos anteriores. Uno de sus elementos más destacados es la capilla de las Almas, famosa por sus bonitos vitrales y su serena estética.

Saciarse de chocolate

TIENDAS DE CHOCOLATE

En Oporto hay varias tiendas de chocolate. La más antigua es **Arcádia** (PLANO: 9 P. 118 **C2**; *arcadiachocolates.com*), fundada en 1933 por la familia Bastos. Tienen sucursales por toda la ciudad, incluido el Mercado Bom Sucesso. Además del chocolate, también son famosos sus *macarons* y helados. Otra familia local regenta **Bonitos Bombonaria** (p. 127), célebre por sus bombones con rellenos 100% naturales. Para comprar tabletas hay que ir a GLAD (p. 127), tienda y taller artesanal.

Asistir a un partido del Boavista FC

ESTADIO DE FÚTBOL

PLANO: 10 P. 118 **A1**

El campo oficial del **Boavista FC** *(boavistafc.pt)*, el eterno rival del FC Porto, es el Estádio do Bessa, situado junto a la Avenida da Boavista. En el sitio web figura el calendario de partidos. Fuera de temporada, se puede visitar el museo, que solo abre con cita previa.

Ver actuaciones en vivo en el Hot Five Jazz

CLUB DE 'JAZZ'

PLANO: 11 P. 118 **B3**

Fiel a su nombre, **Hot Five Jazz & Blues Club** *(hotfive.pt)* ofrece *jazz* y *blues*, así como ocasionales *jam sessions* acústicas, de folk sobre todo. Es una sala moderna e íntima, con asientos en pequeñas mesas redondas frente al escenario.

UNA ALIANZA DURADERA

En el **Jardim da Boavista** (PLANO: 7 P. 118 **D2**), una estatua de 45 m de alto representa un león a lomos de un águila. Conocida como el Monumento aos Heróis da Guerra Peninsular, representa la victoria del ejército luso-británico sobre el napoleónico en la contienda de 1808-1814. Estas victorias ayudaron a reforzar una de las alianzas más antiguas del mundo. El proyecto de la escultura se inició en 1908, pero no se terminó hasta 50 años más tarde, tras la muerte de sus autores, el escultor António Alves de Sousa y el arquitecto José Marques da Silva, que también diseñó la estación de trenes de São Bento.

SUGERENCIAS

Lo mejor para...

€ Económico €€ Medio €€€ Alto

Localizaciones en el plano de la **p. 118**

Comer

Desayunos y 'brunches'

Ponto 2 €
12 E1
Refinado y moderno café, popular entre los oficinistas del distrito financiero de Oporto para un almuerzo rápido o un plato de pasta. *facebook.com/ponto2porto; 7.30-19.30 lu-vi, 8.00-19.00 sa*

Royale Pão Paixão €
13 C2
Elegante panadería de barrio que ofrece pan artesanal, cruasanes y tostadas. *instagram.com/royale_pao_paixao; 8.00-19.00 lu-vi, 9.00-17.00 sa*

Negra Café Boavista €
14 D2
Tiene sucursales por toda la ciudad, como esta de Boavista que sirve platos típicos de desayuno como huevos con tostadas y panqueques. *negracafe.pt; 9.00-19.30*

Ambiente relajado

Maria Dentada €
15 A4
Aquí sirven *pizza* casera y limonada refrescante, ideal tras un paseo por los jardines botánicos. *mariadentada.pt; 10.00-18.00 ma-do*

Goela €
16 B2
Comida reconfortante y ecléctica, pero infalible es la base de este local de Boavista que sirve de todo, desde pollo *katsu* a pastel de queso vasco. *goela.pt; 12.00-15.00 lu-vi*

Mimo's Smoke House €
17 D2
Costillas, tiras de cerdo y jugosas hamburguesas configuran el menú de este asador de estilo texano. *mimossmokehouse.pt; 12.00-15.00 y 19.00-22.00*

Mercado Bom Sucesso €
véase 6 D3
Los puestos de este mercado convertido en zona de restauración sirven exquisiteces locales, delicias internacionales y cócteles. En verano, a veces hay música en vivo. *11.00-23.00 do-ju, hasta 24.00 vi y sa*

Comer con clase

Casa Agrícola €€
18 D4
Esta casa rural del s. XVIII magníficamente restaurada es un fragmento histórico en un barrio moderno. Un local íntimo con sabores portugueses como el arroz de rape. *12.00-15.00 y 19.00-22.00 lu-vi, 19.00-22.00 sa*

Essência €€
19 C1
Esta alegre y moderna *brasserie* es famosa en toda la ciudad por sus generosos platos vegetarianos y terraza al aire libre. *essenciavegetariano.pt; 7.30-22.30 lu, 12.30-15.00 y 7.30-22.30 ma-sa*

Restaurante Casa da Música €€
20 D2
En la azotea de la Casa da Música, las vistas son fantásticas y la comida

también. *casadamusica.com; 12.30-15.00 y 19.30-23.00*

Vegano

Em Carne Viva €

21 C2

Un elegante salón adornado con estuco y un jardín romántico preparan el terreno para versiones creativas vegetarianas y veganas, como una reinterpretación de la *francesinha* clásica. *emcarneviva.pt; 19.00-23.00 ma-sa*

Beber

Pausa para un café

Café Casa da Música

véase 20 D2

En la planta baja de la Casa da Música, es un café asequible ideal para tomar algo y observar a la gente, ya sea en la terraza o por las ventanas panorámicas del interior. *9.00-22.00*

Vinos y cócteles

Vinoteca

véase 6 D3

Bar y tienda con estantes llenos de botellas de vino que sirve vinos por copa, especialmente del Duero y oporto. *vinoteca.pt; 11.00-23.00*

Art's Bar

véase 6 D3

En el Mercado Bom Sucesso, sirve *gin-tonics* clásicos, caipiriñas y mojitos. *11.00-23.00*

Locales nocturnos

Bar Labirintho

22 E2

Este antro alejado del bullicio ofrece cerveza barata, dardos y música de los años ochenta. *22.00-4.00*

Pixote Karaoke Bar

23 D4

Si se busca un sitio en Boavista para tomar algo a altas horas de la noche, este local de karaoke cumple su cometido. *23.00-4.00*

Comprar

Artesanía y artículos del hogar

Flórida Studio

24 C2

La fotógrafa portuguesa Filipa Alves ofrece una selección de objetos artesanales y piezas *vintage* de Portugal y más allá. *floridastudio.pt; 11.00-19.00 lu-sa*

Prendas de moda

Humana

25 E3

Parte de la cadena Humana, esta sucursal vende ropa de segunda mano junto al Jardim da Boavista. *humana-portugal.org; 9.30-19.30 lu-sa, 11.00-18.30 do*

Península Boutique Center

26 D3

Moderno centro comercial con una selección de marcas portuguesas e internacionales, como tiendas de ropa, joyerías, una perfumería y un café. *10.00-22.00*

Chocolate artesanal

GLAD

27 A2

Se puede comprar una selección de chocolates y echar un vistazo a la cocina de este taller artesanal. *beglad.pt; 10.00-17.00 ma-vi, hasta 15.00 sa*

Bonitos Bombonaria

28 A2

Desde 1986, esta tienda familiar cambia los bombones de chocolate en cada estación. *bonitos.pt; 14.00-19.00 lu-mi, 10.00-13.00 y 14.00-19.00 ju y vi, 10.00-13.00 sa*

Sugerencias de lugares para comer, beber y comprar en **p. 135**

Explora Foz do Douro y alrededores

Al oeste de la ciudad, este barrio se mueve a un ritmo pausado, con chiringuitos abarrotados de residentes bronceados, faros con vistas al océano, jardines botánicos para pasear y un restaurante con estrella Michelin. Con el Atlántico de fondo, se puede pasear por el malecón desde el emblemático Farolim de Felgueiras (faro de Felgueiras), relajarse en la playa tomando un helado o unas copas en un chiringuito de la Praia da Luz o recorrer la orilla del río en el tranvía nº 1 desde Ribeira hasta el bello Jardim do Passeio Alegre.

Cómo desplazarse

Tranvía

El nº 1 y el 18 van del centro a Foz do Douro y paran cerca del Jardim do Passeio Alegre. El nº 1 sale de la parada de Infante, cerca de la Igreja de São Francisco; el nº 18, de Clérigos.

Autobús

Los nº 500, 200 y 207 van del centro a Foz; el nº 500 discurre por la orilla y los otros dos paran más cerca del Mercado da Foz. Los nº 201, 207 y 502 son los más prácticos para ir a Serralves; el nº 203 conecta el museo con la playa.

Pérgola da Foz (p. 134).
CAIO DIB/SHUTTERSTOCK ©

★

LO MEJOR

MUSEO DE ARTE
Serralves (p. 131)

BAR DE PLAYA
Praia da Luz (p. 133)

JARDÍN
Jardim do Passeio Alegre (p. 134)

RESTAURANTE CON ESTRELLA MICHELIN
Pedro Lemos (p. 136)

MIRADOR
Pérgola da Foz (p. 134)

A
B
C
D
1
2
3
4
5
6
0
500 m
Más información
Imprescindible p. 131
Experiencias p. 134
Comer p. 135
Beber p. 136
Comprar p. 137
Praia do Homem do Leme
Pérgola da Foz
Praia do Molhe
Praia de Gondarém
Praia da Luz
Farolim de Felgueiras
OCÉANO ATLÁNTICO
Río Duero
Confeitaria Rainha da Foz
Mercado da Foz
Praça do Império
Serralves
FOZ DO DOURO
Jardim do Passeio Alegre
Av de Montevideu
Av do Brasil
R do Coronel Raúl Peres
R de Pêro de Alenquer
R do Molhe
R de Gondarém
R do Marechal Saldanha
R do Padrão
R Rui Barbosa
R da Agra
R de Corte Real
R Monte da Luz
R do Farol
R Cândida Sá de Albergaria
R de Diu
R do Teatro
R da Senhora da Luz
Av Mal Gomes da Costa
R Diogo Botelho
R Bartolomeu Velho
R do Padre Luís Cabra
Esplanada do Castelo
Av Dom Carlos I
R Passeio Alegre
1
2
3
4
5
6
7
8
9
10
11
12
13
14
15
16
17
18
19
20
21
22
23
24
25
26
27
28
29
30
31
32
33
34
35

★ IMPRESCINDIBLE

Serralves

Una de las atracciones culturales más populares de la ciudad, combina un museo, una mansión y unos vastos jardines. Con la indeleble impronta del prestigioso arquitecto portuense Álvaro Siza Vieira, la galería exhibe una colección permanente, además de muestras temporales. Los jardines salpicados de fuentes y esculturas reaniman tras la visita al museo.

PLANO: P. 130 **D4**

Arquitectura de Álvaro Siza Vieira

Este gran exponente de la arquitectura lusa diseñó el **Museu de Arte Contemporânea** en 1991. Las claraboyas y ventanas obra del ganador del premio Pritzker enmarcan la ciudad, para "incorporarla en el interior". En el 2023, Siza Vieira diseñó una ampliación, el **Ala Álvaro Siza,** que realza la obra.

Arte contemporáneo

Las exposiciones presentan obras de arte desde la década de 1960 hasta la actualidad, de artistas eminentes y emergentes portugueses e internacionales, en general instalaciones y retrospectivas.

Villa 'art déco'

Inspirada en sus viajes a París, Carlos Alberto Cabral hizo construir la **Casa de Serralves** en estilo *art déco* entre 1925 y 1944. Contrató a los arquitectos y artistas más eminentes de la época, como René Lalique (claraboya) y Alfred Porteneuve (fachada rosa polvo).

Arte en el jardín

Diseñado por el paisajista francés Jacques Gréber en la década de 1930, el parque Serralves, de 18 Ha, crea un vínculo entre arte y naturaleza. Entre los parterres y robledos, se esconden obras de arte como la pala gigante de Claes Oldenburg *Plantoir* (2001), sin olvidar el **Treetop Walk.**

CONSEJO

Para una inmersión cultural, se recomienda el Serralves em Festa *(serralvesemfesta.com)*, a principios de junio, cuando visitar el parque es gratis.

Escanea este código QR para consultar horarios y entradas.

CIRCUITO A PIE

Postales de Foz do Douro

Los tranvías históricos nº 1 y 18 paran al inicio del circuito. Desde aquí, se va hacia la costa, pasando por fortalezas y por un animado chiringuito, antes de regresar al interior para explorar el mercado y el icónico museo Serralves, conectado con el centro en autobús.

INICIO	FINAL	DURACIÓN
Jardim do Passeio Alegre (parada de tranvía de Passeio Alegre)	Serralves	4 km; 2 h

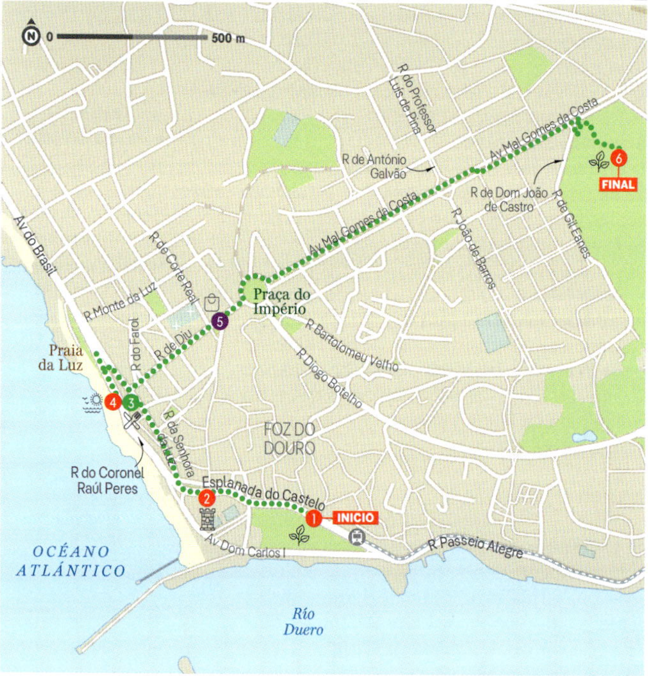

1 Una vuelta por el jardín

Se baja del tranvía en el **Jardim do Passeio Alegre** para pasear entre fuentes, estatuas y un campo de minigolf. Merece la pena ir a la cabaña amarilla que alberga uno de los baños más hermosos de la ciudad, revestido de azulejos *art nouveau.*

2 Un fuerte con muchas vidas

Al salir a la Esplanada do Castelo, se observa el **Forte de São João Baptista,** del s. XVI, antaño baluarte defensivo, prisión y residencia de la poetisa Florbela Espanca. Ahora alberga la oficina regional del Instituto de Defensa Nacional.

3 Una pausa con repostería

Siguiendo al oeste por la Rua da Senhora da Luz, se halla **Tavi,** una de las pastelerías más populares del barrio. Con un café y un dulce, se contemplan las vistas al océano desde la terraza.

4 Un paseo por la playa

Es hora de ir a la playa. Se empieza en la **Praia dos Ingleses** y se sigue por el litoral hacia la Praia da Luz, donde espera un espacioso bar junto al mar. En verano, se llena rápidamente, pero incluso desde el interior, las ventanas panorámicas y los grandes espejos permiten admirar las vistas.

5 Una visita al mercado

Desde la Praia da Luz se puede seguir por el litoral o regresar al interior e ir al **Mercado da Foz.** Este tranquilo mercado presenta una mezcla de vendedores de fruta, floristas y cafés. Sou Sweet sirve helados, y por la tarde, en Ervilha Bar ofrecen copas de sangría.

6 Serralves

La siguiente parada está un poco lejos. Si hace calor, mejor ir en autobús o taxi, a pie son 25 min hasta **Serralves** (p. 131), donde se ven las últimas exposiciones de arte contemporáneo del museo o se pasea por el parque circundante, lleno de esculturas, un lago y una impresionante casa *art déco.* El Treetop Walk discurre entre los árboles.

EXPERIENCIAS

Vagar por el Jardim do Passeio Alegre JARDÍN

PLANO: 1 P. 130 **C6**

Un deleite para pasear sin rumbo, el **Jardim do Passeio Alegre** está flanqueado por elegantes edificios antiguos y salpicado de palmeras, esculturas y un quiosco que ocasionalmente alberga conciertos en verano. Se oye el fragor de las olas entre sus arboladas avenidas y los baños estilo *art nouveau*. El Chalé Suisso solía ser un punto de reunión literario de escritores como Camilo Castelo Branco y Ramalho Ortigão. Incluso se puede jugar en el minigolf de 18 hoyos del lado occidental del parque.

Disfrutar de la vida playera PLAYAS

Foz cuenta con algunas playas correctas (aunque rocosas), ideales para practicar surf de remo. Bordeada por un paseo, la extensa **Praia da Luz** (PLANO: 2 P. 130 **A4**) linda con la **Praia de Gondarém** (PLANO: 3 P. 130 **A3**), una delgada franja de arena que desaparece con marea alta. A su vez, la Praia de Gondarém se estira hasta la más amplia **Praia do Molhe** (PLANO: 4 P. 130 **A2**), donde van los vecinos a desconectar. Las playas suelen estar a reventar los fines de semana de verano, pero entre semana en temporada baja están casi desiertas. Si apetece tomar algo frente al mar, la Praia da Luz y la **Praia do Homem do Leme** (PLANO: 5 P. 130 **A1**) son las mejores opciones.

Recorrer el paseo marítimo PASEO MARÍTIMO

Se puede sentir la brisa marina desde muchos sitios, desde el **Farolim de Felgueiras** (PLANO: 6 P. 130 **A5**), un faro en una lengua que se adentra en el mar, hasta **Passadiços das Ondas** (PLANO: 7 P. 130 **A1**), una pasarela de madera encajada entre los acantilados rocosos. Una ruta interesante es seguir la Avenida do Brasil frente al mar desde la Praia da Luz hasta la **Pérgola da Foz** (PLANO: 8 P. 130 **A2**), una pérgola neoclásica aparentemente inspirada en la Promenade des Anglais de Niza. También se puede alquilar una bicicleta en **Dourobike** (*dourobike.com; desde 5/8 € normal/eléctrica).*

Explorar los puestos del Mercado da Foz MERCADO

PLANO: 9 P. 130 **C4**

El **Mercado da Foz** es ideal para tomar un tentempié a mediodía. Hay muchos puestos de productos frescos y puestos de comida, que ofrecen de todo, desde *brigadeiros* brasileños (bombones parecidos a trufas) a boles de *açaí* y *pizzas*.

Saborear dulces CONFITERÍAS

En Foz se encuentra una de las confiterías más antiguas de Oporto. Fundada en 1875, la **Padaria Formosa** (p. 135) todavía emplea métodos de cocina tradicionales para elaborar su selección de dulces. **Confeitaria Rainha da Foz** (PLANO: 10 P. 130 **C4**) es famosa por sus cruasanes.

Localizaciones en el plano de la **p. 130**

Lo mejor para...

€ Económico €€ Medio €€€ Alto

Comer

Desayunos y 'brunches'

Camélia €
11 D6
Para un *brunch*, aquí ofrecen *bagels*, panqueques de frutas y huevos con tostadas. *camelia brunchgarden.pt; 10.00-20.00 lu-vi, 9.00-20.00 sa y do*

Padaria Formosa €
12 B2
Fundada en 1875, es una de las panaderías más antiguas de la ciudad, con todo tipo de productos horneados, tanto dulces como salados. *padariaformosa.com; 7.00-19.00 lu-vi, 7.00-17.00 sa, 8.00-13.00 do*

Tavi €
13 B4
Las fantásticas vistas al bravío Atlántico atraen a la terraza de esta célebre pastelería frente al mar, famosa por sus chocolates, helados y *bolo de arroz* (pastel de arroz). *tavi.pt; 8.30-20.00*

Restaurantes tradicionales

Tentações no Prato €
14 B5
Taberna rústica revestida de azulejos portugueses que sirve buñuelos de bacalao como entrante o con arroz como plato principal. *facebook.com/TentacoesNoPrato; 12.30-15.00 y 19.30-22.00 ma-sa, almuerzo solo do*

Treze % €€
15 C4
Sirven clásicos portugueses como la *açorda de gambas* (sopa de pan con gambas) y el *bacalhau à brás* (bacalao desmenuzado) en versión vegetariana. *trezepor cento.eatbu.com 12.00-15.00 y 19.30-23.45 ma-sa, almuerzo solo do*

Tentempiés ligeros

Peebz €
16 B4
Popular local cerca de la Praia da Luz que sirve todo tipo de hamburguesas, desde la clásica con queso a opciones con jalapeño de ternera, pollo y vegetarianas. *peebz.pt; 12.00-15.00 y 19.00-22.00 ma-sa*

Luca €
17 B4
Agradable local con terraza y un salón al estilo de la abuela que ofrece un menú de almuerzo diario por 10 €. *instagram.com/luca.foz; 12.30-16.00 lu-sa*

Bar Tolo €€
18 B4
Este divertido y pequeño establecimiento en un alto y estrecho edificio esquinero de color azul cielo tiene una diminuta azotea con vistas al océano, ambiente rústico-elegante y un menú de *petiscos* creativos. *instagram.com/bar.tolo185; 12.00-24.00 mi-lu*

Alta cocina

inDiferente €€€
19 B3
Se puede comer a la carta o probar los platos estrella con el menú degustación de ocho platos que incluye delicias como el fuagrás con peras al oporto y un pastel de nata con un toque de limón. *indi*

ferente.pt; 19.00-23.30 ma-vi, 12.30-14.30 y 19.00-22.30 sa, 12.30-15.00 do

Pedro Lemos €€€

20 C5

Dirigido por Pedro Lemos, este restaurante con estrella Michelin tiene un agradable comedor con luz tenue y una terraza en la azotea. *pedrolemos.net; 12.30-15.00 y 19.00-23.00 ma-sa*

Cafeína €€

21 B3

Escondido discretamente cerca del paseo marítimo, sirve platos modernos internacionales, como un tartar de atún con gazpacho de tomate o Wellington de ternera con fuagrás, hábilmente maridados con vinos portugueses. *cafeina.pt; 12.30-15.00 y 19.30-22.30 ma-do*

Filetes y 'baos'

Taberna Asiática €€

22 B4

Esta taberna de estilo asiático sirve una una fusión de platos, desde *baos* a *sushi* o *ramen*. *19.00-22.30 mi y ju, 12.30-14.30 y 19.30-23.30 vi-do*

Casa Aberta €€

23 B5

La ternera Angus y el cerdo ibérico negro son algunos de los platos destacados de este popular asador junto a la Esplanada do Castelo. *facebook.com/CasaAberta; 12.30-14.30 y 19.30-22.30 ma-sa*

Vegetarianos

daTerra €

24 D6

Cada día sirven un bufé repleto de ensaladas y verduras asadas en este popular vegetariano. *daterra.pt; 12.00-16.00 y 19.30-23.00 lu-sa, almuerzo solo do*

Beber

Café y té

Combi Coffee Roasters

25 D4

Tras años sirviendo café de especialidad a las multitudes de Bonfim, dio el salto a Douro y abrió las puertas de su tostador. *combi-coffee.com; 9.00-17.00 ma-sa*

A Xícara

26 B1

Esta tetería en una esquina (el nombre significa "La taza") es el lugar perfecto para tomar un té con pastas, bollos o cruasanes, o una comida casera portuguesa. *axicara.pt; 7.00-20.00 lu-sa*

The Bird

27 B3

Con lámparas de jaulas retro, hermosos estampados florales y un patio lleno de vegetación, este agradable y tranquilo café es ideal para una porción de tarta y una taza de té. *11.30-18.00 lu-vi, hasta 19.00 sa*

Ambiente relajado

Praia da Luz

28 A3

Paseando por las pasarelas de madera de distintos niveles sobre una ensenada rocosa, es un buen sitio para relajarse con un cóctel frente al mar. *9.00-14.00*

Pisco's Bar

29 C5

Animado bar con billar y dardos, además de música en vivo regularmente. *facebook.com/piscosbar; 22.00-2.00*

Bonaparte

30 B3

Un *pub* náutico impecable, perfecto para tomarse una pinta de Guinness bien fría junto al mar. *instagram.com/bonapartepub; 17.00-0.30*

Bares de vinos

Botella Food & Wine

31 B3

A poca distancia de la Praia de Gondarém, bar panorámico que sirve vinos por copa y botella acompañados de tablas de quesos y aperitivos más innovadores como *carpaccio* de pulpo y tartar de salmón. *instagram.com/botellafoodandwine; 12.00-23.00 mi y ju, hasta 2.00 vi y sa, hasta 20.00 do*

Comprar

Moda y accesorios

BeCode Street

32 B4

Dedicado a la ropa para hombre, tiene de todo, desde camisas a zapatillas de deporte o batines de marcas internacionales como North Face y portuguesas. *instagram.com/the.becode.street; 10.30-19.30 lu-sa*

Sisters Department

33 B4

Faldas estampadas y divertidas camisetas con dibujos configuran la colección de esta colorida marca de ropa. *sistersdepartment.com; 15.00-19.00 lu, 10.30-14.00 y 15.00-19.00 ma-vi, 11.00-14.00 sa*

THE Design

34 B2

Prendas exclusivas de famosos diseñadores internacionales llenan los colgadores de esta tienda minimalista. *thedesign.pt; 10.00-19.30*

Joyas 'vintage'

O Armazém do Batata

véase 17 B4

El animal disecado que asoma por la ventana atrae la atención a este laberinto retro lleno de antigüedades, artículos del hogar y otras chucherías. *11.30-20.00*

Comida y vino

Augusto Leite

35 C5

Deliciosa charcutería, tienda de comestibles y bodega familiar donde comprar los ingredientes para un pícnic, muy frecuentada por los residentes. *9.30-13.00 y 14.30-19.30 lu-sa*

★ MERECE LA PENA

Matosinhos

Al norte del barrio costero de Foz do Douro, este genuino puerto pesquero alberga una de las pocas fábricas conserveras activas del país y muchos restaurantes de marisco. También es el destino ideal para los amantes del aire libre que deseen surfear o relajarse en la playa.

CONSEJO
Los autobuses nº 500 y 502 y la línea de metro azul (A) y naranja (F) van a Matosinhos. Desde allí, se puede tomar el bus nº 104 o 507 o un taxi hasta Leça da Palmeira.

Escanea este código QR para más información sobre actividades y eventos de Matosinhos.

Conservas y pescado fresco

Matosinhos afirma tener el "mejor pescado del mundo" y cumple con la expectativa. Este barrio costero fue antaño un floreciente centro de la industria conservera. **Conservas Pinhais** *(conservaspinhais.com; adultos/niños 18/12 €)* es una de las pocas fábricas todavía en pie. La visita a este negocio familiar de la década de 1920 empieza en las antiguas oficinas, donde los vecinos solían comprar latas de sardinas a través de una diminuta ventanilla. Vestido con un traje de plástico de la cabeza a los pies, se entra en el recinto de la fábrica, donde los trabajadores se afanan para elaborar las recetas típicas de la empresa. Todas las latas se envuelven a mano.

La visita termina con una deliciosa cata de sardinas. Si se prefiere pescado fresco, lo mejor es ir a la **Rua Heróis de França** o a la **Rua Roberto Ivens,** con gran variedad de restaurantes. O incluso mejor, al **mercado municipal,** donde se puede comprar directamente. Tienen un pacto con los restaurantes cercanos, así que no hay que alarmarse si algún propietario da un empujón amistoso.

Fuerte de contención

También llamado Castelo do Queijo ("castillo del queso") por la cuña de roca sobre la que se asienta, el **Forte de São Francisco Xavier** *(0,50 €; lu cerrado)* parece la típica fortaleza con sus robustas murallas, torres de vigilancia y puente levadizo. Construida en 1661, alberga una pequeña exposición de armas, pero lo más impresionante es la vista, sobre todo al atardecer.

Diversión en el Aquarium

Unas 5000 criaturas marinas nadan en los tanques de **Sealife Porto** *(visitsealife.com; adultos/niños 17,95/12,95 €)*, pero el principal atractivo es el túnel de tiburones y un estanque, además de medusas luminiscentes, peces escorpión de vela sudamericanos y gavilanes dorados. Se alimenta a los tiburones a las 11.00 y 14.30, a las rayas a las 12.00 y 15.30 y a los pingüinos a las 16.30.

UNA PAUSA

Si no apetece pescado, se puede disfrutar de deliciosas exquisiteces vegetarianas en **Terrárea,** una tienda de plantas y café, o en **Fava Tonka,** si se está en Leça da Palmeira.

KIMMARSAL/500PX ©

Naturaleza y olas

El zumbido del tráfico se desvanece en el sereno y frondoso **Parque da Cidade** (foto), el mayor parque urbano de Portugal. Entrecruzado por 10 km de rutas de senderismo y ciclismo, aquí vienen los vecinos a desconectar y recargar pilas, hacer pícnics (sobre todo el fin de semana), jugar al fútbol, correr, montar en bici, tumbarse al sol y dar de comer a los patos. Otra opción es la extensa y arenosa **Praia de Matosinhos,** ideal para largos paseos, pero sobre todo para surfear; hay varias escuelas de surf por el paseo marítimo que ofrecen clases *(unos 30 €)* o alquilan tablas. **Surfing Life Club** *(surfinglifeclub.com; desde 50 €)* ofrece clases especializadas para personas con autismo o discapacidad intelectual.

Arquitectura icónica

Frente al mar, destaca a lo lejos la estructura helicoidal de la terminal de cruceros, a la derecha de la Praia de Matosinhos. Obra del arquitecto portugués Luís Pedro Silva, el millón de azulejos del **Porto de Leixões,** colocados a mano, parecen brillantes escamas de pescado. Hay visitas guiadas los domingos *(cruzeiros.apdl.pt/visitas; 5 €).* Si se va en taxi, hay que especificar exactamente “Terminal de Cruzeiros” (Ciimar) o se puede terminar en el área de contenedores. Dentro hay un centro de investigación y curiosidades como un extintor que parece un pez gruñón.

Más al norte, en Leça da Palmeira, el premiado arquitecto Álvaro Siza Vieira dejó su impronta en los llamativos estanques de la **Piscina das Marés** y el restaurante con estrella Michelin **Boa Nova Tea House.**

LANZAR LA RED

Al llegar a Matosinhos, es inevitable fijarse en **SheChanges-Anemone,** una escultura de 50 m de alto de la artista norteamericana Janet Echelman. La gigantesca red roja, una oda a la comunidad pesquera de Matosinhos, es espectacular a la luz de la noche. También cambia de forma con el viento, de ahí el nombre.

Guía práctica

Tranvía y fachadas de azulejos.
PROSLGN/SHUTTERSTOCK ©

Viajar en familia

Con un poco de información, es fácil visitar Oporto con niños (o adolescentes). No falta el entretenimiento familiar, desde panorámicas rutas en tranvía y playas a observación de animales y museos interactivos.

Una cálida bienvenida

El aeropuerto de Oporto está bien organizado para familias, con una zona de juegos y *fraldário* (sala para bebés) con cambiador, microondas y calentador de biberones. En los principales puntos de interés y grandes restaurantes también suele haber cambiadores.

SALVAR LAS PENDIENTES

Los desniveles y las calles estrechas pueden ser todo un reto para los cochecitos. Los portabebés son más prácticos si se planea visitar la ciudad a pie. De lo contrario, el metro es una buena opción.

Comer fuera

Muchos restaurantes disponen de una pequeña selección de platos para niños, normalmente designados como *menu para crianças* o *menu infantil*. Suelen incluir hamburguesas, pasta o *bitoque* (filete con patatas y un huevo frito). También se puede pedir una *meia-dose* (media ración). Algunos tienen *cadeiras de bebé* (tronas).

Hora del recreo

Hay parques infantiles por toda la ciudad y en las afueras. En portugués, "parque infantil" se dice exactamente igual que en español.

Transporte público

Los menores de cuatro años viajan gratis; de cuatro a doce años pagan la mitad en trenes y tranvías.

Entradas

Muchos museos y puntos de interés son gratis para menores de 12 años, como la **Torre dos Clérigos** (p. 58), el **Palácio da Bolsa** (p. 42) y **Serralves** (p. 131). Este último también ofrece un descuento del 50% a menores de 17 años.

Alojamiento

Desde albergues tranquilos a apartamentos junto al río y hoteles-*spa*, Oporto ofrece alojamientos para todos los bolsillos.

Si te gusta...

Arquitectura, historia y paseos junto al río

Ribeira (p. 35) Lleno de monumentos históricos, tiendas y restaurantes, las calles del centro suelen estar concurridas. La oferta de alojamiento va desde albergues económicos a opciones de precio alto.

IMPRESCINDIBLE

Nos encanta...

Bonfim (p. 70) Situado en torno a la Facultad de Bellas Artes de la Universidad de Oporto, es un polo de creatividad. Todavía es céntrico, especialmente en torno al Passeio de São Lázaro, pero es menos turístico y un poco más económico. Sus tranquilas calles acogen encantadoras pensiones, pero también hay lugares para tomar un cóctel o dos por la noche.

Azulejos, tiendas y fiesta

Aliados y Bolhão (p. 55) Las fachadas de azulejos adornan este céntrico barrio con mercados tradicionales, *boutiques* independientes y animada vida nocturna. Aquí se encuentra la mejor selección de alojamientos a buen precio.

Museos e historia

Miragaia (p. 75) Con muchos museos de arte, increíbles miradores y el antiguo distrito judío de la ciudad, es más tranquilo que los barrios más céntricos y cuenta con muchos aparthoteles y pensiones.

Catas de vino y alta cocina

Vila Nova de Gaia (p. 91) Centrado en las bodegas y el río Duero, aquí se concentran las opciones más lujosas, como restaurantes con estrella Michelin y hoteles-*spa* de precio alto.

Jardines y galerías

Massarelos (p. 103) Alejada del metro pero cerca de los museos y un jardín romántico, esta zona atrae a los amantes del arte que frecuentan las galerías y cafeterías de la Rua de Miguel Bombarda.

CUÁNTO CUESTA

Dormitorio en albergue
desde 35 €

Hotel-*boutique* de precio medio
desde 150 €

Hotel céntrico
180 €

Comida, bebida y fiesta

Alergias e intolerancias

Los restaurantes modernos suelen indicar los alérgenos más comunes del menú, pero no es tan habitual en los más tradicionales, como las *tascas*. En caso de duda, lo mejor es preguntar. Los veganos suelen confundirse con los vegetarianos, se recomienda aclarar las restricciones al pedir la comida.

CÓMO SE DICE

Soy alérgico/a...	*Sou alérgico/a...*
Frutos secos	*Frutos secos*
Marisco	*Marisco*
lácteos	*Lactose/Lacticínios*
gluten	*Glúten*

?

CÓMO DECIR...

¿Es sin gluten?
É sem glúten?

¿Contiene frutos secos?
Tem frutos secos?

¿Tienen opciones veganas?
Tem alguma opção vegan?

UN TENTEMPIÉ TÍPICO

Lanche significa "merienda" en portugués, pero en Oporto también es un dulce típico que venden en las *pastelarias* ("pastelerías"). La versión básica es un *lanche misto* (brioche relleno de queso y jamón), pero hay muchos otros rellenos. **Confeitaria Belo Mundo** elabora algunos de los mejores de la ciudad.

Hora del sándwich

Oporto tiene una historia de amor con los sándwiches, con establecimientos dedicados a servir carne jugosa en bollos. Se pueden ahorrar unos euros con una comida rápida en lugares como **Conga, Casa Guedes** o **Casa dos Presuntos Xico.** Se puede combinar con un *fino* frío (caña de cerveza).

Cómo pagar la cuenta

La cuenta solo la traen cuando se pide. Para llamar la atención del camarero, se dice: *"A conta, se faz favor".*

Dividir la cuenta La cuenta incluye toda la mesa, pero se puede dividir. Los camareros preguntarán si se quiere pagar *junto ou separado.*

Propinas No suelen estar incluidas, aunque algunos lugares añaden un 5-10% bajo el concepto *gratificação*. En general, se puede añadir una propina indicando el importe total que se desea pagar (propina incluida). El personal de bares y cafés no las espera, pero siempre se puede redondear la cuenta.

PRECIOS

Se indica el coste medio de un plato principal.

€ menos de 15 €
€€ 15-30 €
€€€ más de 30 €

HORARIOS

Cafés 8.00-20.00 lu-sa
Restaurantes 12.00-15.00 y 19.00-22.00 lu-sa; algunos también cierran lu
Locales de comida rápida 12.00-24.00 o más tarde

Salir

Fotos del atardecer Cuando anochece, vecinos y visitantes se dirigen al *miradouro* más cercano para contemplar las vistas. El **Jardim das Virtudes** y el **Jardim do Morro** siempre están abarrotados. Botella en mano, solo resta elegir un sitio en la hierba. Otra opción es ir a orillas del río para un paseo romántico al son de los músicos callejeros.

Recorrer bares Ya sea para cerveza artesana, vino o cócteles, Oporto tiene bares para todos los gustos. De noche, hay que ir a la zona de **Galeria de Paris** (p. 63), Caldeireiros o Cedofeita.

Clubes nocturnos Hay varios en la Rua de Cândido dos Reis y la Rua da Galeria de Paris. **Plano B,** de dos plantas, es uno de los más populares. Para un ambiente más alternativo, se puede probar **Maus Hábitos**, **Barracuda Rock Club** o **Hot Five Jazz & Blues Club,** pero no antes de la 1.00.

CUÁNTO CUESTA

Café/'cimbalino' (café exprés) 1 €

Café de especialidad 3,50 €

'Francesinha' (sándwich local) 12 €

'Fino' (caña de cerveza) 2 €

'Cerveja artesanal' desde 3,50 €

'Copo de vinho' (copa de vino) 3-5 €

Menú degustación en restaurante Michelin desde 145 €

SHANE LOPES/SHUTTERSTOCK ©

Comunidad LGTBIQ+

Oporto tardó en tener su desfile del Orgullo, pero se está abriendo poco a poco a la comunidad LGTBIQ+.

Escena LGTBIQ+

Los gais y lesbianas suelen mantenerse discretos de día y en público, pero se sueltan la melena cuando cae la noche. Aunque no hay un barrio específico, sí hay un par de locales populares. La **Rua da Conceição** es una zona popular para bares gais, y otras zonas como **Galeria de Paris** cuentan con locales acogedores.
Las celebraciones anuales incluyen **Porto Pride,** que empezó en el 2001 y la **Marcha do Orgulho LGBTI+,** que empezó en el 2006 tras el asesinato de la mujer transgénero brasileña Gisberta Salce Júnior. En mayo del 2024 le dedicaron una calle en el distrito de Bonfim para garantizar que nunca se la olvidará.

IMPRESCINDIBLES

Salir de fiesta

Conceição 35 o **Invictus** en la Rua da Conceição, o **Fabrik Bar** en la Rua da Galeria de Paris. Para bailar toda la noche, **Zoom** (1.00-6.00 vi y sa) cerca de la estación de trenes de São Bento. En **Bar of Soap** organizan espectáculos de *drag queens* y veladas de bingo.

ORGULLO

El Orgullo de Oporto se divide esencialmente en dos eventos: la marcha de junio, **Marcha do Orgulho LGBTI+** y la fiesta de tres días **Porto Pride** *(portopride.com)* a mediados de septiembre.

QUEER FILM FESTIVAL

Cada año en octubre, **Queer Porto** proyecta películas de temática *queer* en los principales cines independientes.

SUBBOTINA ANNA/SHUTTERSTOCK ©

Recursos

- **Porto Gay Circuit** Guía de locales y eventos frecuentados por gais. *portogaycircuit.com*
- **Centro Gis** Centro de apoyo LGBT situado en Matosinhos. *associacaoplanoi.org*
- **Porto Inclusive** Ayuda a unir la comunidad organizando eventos, como pícnics y noches de cine. *instagram.com/portoinclusive*

Salud y seguridad

En general, Oporto es una ciudad muy segura, pero los delitos menores son frecuentes en zonas concurridas.

AGUA DEL GRIFO

El *água da torneira* (del grifo) de Oporto es aceptable, aunque hay quien prefiere filtrarla. Muchos cafés ofrecen un *copo com água* (vaso) gratis, pero siempre hay quien sirve una *garrafa de água* (botella) y la cobra.

Farmacias

Para afecciones menores y medicamentos sin receta, se puede acudir a la *farmácia* más cercana. Como probablemente no tendrán la misma medicación que en casa, es buena idea llevarse algunas pastillas por si acaso. Los remedios para cefaleas y alergias son fáciles de obtener, pero se requiere receta para la píldora anticonceptiva. En la puerta de todas las farmacias figura el nombre y dirección de las farmacias de guardia (y en línea, en *farmacias deservico.net*).

Transporte

La red de metro de Oporto aplica una política de honestidad sin barreras, pero el impago del billete es motivo de multa.

A TENER EN CUENTA

Seguridad

Hay que vigilar con las pertenencias, especialmente en hora punta.

Marihuana

El consumo de cannabis no es ilegal, pero la venta y el cultivo sí.

Alcohol

Está permitido beber en el exterior, pero estar visiblemente borracho se considera grosero e inapropiado.

Adoquines resbaladizos

Incluso en verano caen chaparrones en Oporto. A veces incluso diluvia, así que es buena idea llevar calzado con buen agarre para evitar resbalar en los adoquines húmedos. Por suerte, muchas tiendas venden chubasqueros y paraguas todo el año.

ESTAFAS

Cuidado con los "camellos" que rondan las zonas de vida nocturna y venden drogas falsas hechas con hojas de laurel y harina.

Turismo responsable

Siguiendo estos consejos se puede reducir la huella de carbono, apoyar a los residentes y dejar un impacto positivo en la comunidad.

Pausa en la naturaleza

Los jardines de Oporto ofrecen una tregua tranquila a las aglomeraciones y la posibilidad de conectar individualmente con la naturaleza, ya sea un paseo romántico por los **Jardins do Palácio de Cristal** (foto) con vistas al Duero, vagar por **Serralves** (p. 131) entre árboles y esculturas de arte moderno, o pedalear por los frondosos senderos del **Parque da Cidade,** el mayor del país, con pícnic incluido.

Ir en metro

La mayoría de los puntos de interés son accesibles a pie, pero para ahorrarse el esfuerzo (y salvar el medio ambiente), el metro es la mejor opción.

IMPRESCINDIBLE

Pintar azulejos

Los talleres de **Gazete Azulejos** (p. 70) profundizan en el patrimonio de azulejos de Oporto y ayudan a preservar los icónicos dibujos de la ciudad para las futuras generaciones.

Cultivo ecológico

Poco a poco aumenta la oferta de restaurantes vegetarianos, muchos de ellos centrados en ingredientes de cultivo ecológico y de temporada, como **Fava Tonka, Manna** y **Venn Canteen.** Para probar vino natural, hay que ir a **Gito, Genuíno** o **Taberna Folias de Baco;** este último produce su propio vino en el valle del Duero.

Recursos

- **peggada.com** Recopila proyectos sostenibles por todo el país.
- **greenkey.abaae.pt** Certifica y registra hoteles sostenibles.

VOLUNTARIADO

Existen muchas opciones en Oporto. En **Casa** *(facebook.com/casaporto.casa)*, se puede ayudar a servir comida a los necesitados.

Moda sostenible

Si se busca ropa de segunda mano, la cadena sin ánimo de lucro **Humana** *(humana-portugal.org)* tiene varias tiendas en la ciudad, como la de **Aliados y Bolhão.** También en esta zona están **O'Kilo** y **Mon Père Vintage.** Para camisas chillonas, lo mejor es **Mão Esquerda,** cerca de Bonfim; su almacén es un tesoro. El **Sustainable Fashion Tour** *(themindfulstep.com)* ofrece información privilegiada y el **Isto's Factourism Day** *(isto.pt/pages/factourism-day)* muestra las entrañas de una fábrica textil.

El cambio climático y los viajes

Es imposible ignorar el impacto de nuestros viajes y la importancia de hacer cambios. Lonely Planet anima a todos los viajeros a involucrarse en su huella de carbono. Muchas webs de líneas aéreas y sitios de reservas ofrecen la opción de compensar el impacto de los gases de efecto invernadero realizando donaciones para iniciativas respetuosas con el clima en todo el mundo.

La **calculadora de la ONU para medir la huella de carbono** muestra el impacto de los vuelos en las emisiones domésticas.

La **calculadora de emisiones de carbones de la OACI** permite analizar el CO_2 generado por cada trayecto.

Accesibilidad

Transporte público

La red de metro cuenta con ascensores, rampas y pavimento táctil para ayudar a los pasajeros con discapacidad visual. Los autobuses también son accesibles para personas con silla de ruedas o cochecitos, con asientos reservados en el interior. Anuncian el nombre de la siguiente estación visualmente y a través de altavoces. Por desgracia, los tranvías no disponen de este equipamiento.

Vehículo compartido

En los trayectos con Uber o Bolt, existe la opción Assist, que ofrece vehículos aptos para sillas de ruedas. En Bolt, las familias con menores de 12 años pueden elegir la categoría Cadeirinha que ofrece sillas infantiles.

ALOJAMIENTO

En general, los edificios históricos no tienen ascensor y algunos tienen tramos de escaleras de la calle a la planta baja. Los hoteles más nuevos suelen tener al menos una habitación adaptada para huéspedes con movilidad reducida.

Mantenerse activo

Se puede aprender a navegar en un catamarán inclusivo con **BBDouro** *(bbdouro.com; 50 €)* o surcar las olas con **Surfing Life Club** *(surfinglifeclub.com; desde 50 €)*, que ofrece clases especializadas para personas con autismo o discapacidad intelectual.

IMPRESCINDIBLE

El extenso recinto de **Serralves** (p. 131) es mayormente llano, además tiene rampas y ascensores que facilitan el acceso a visitantes con silla de ruedas. También hay coches eléctricos para transportar a personas con movilidad reducida. Los visitantes con deficiencias auditivas pueden unirse a un circuito guiado en lenguaje de signos, mientras que los discapacitados visuales disponen de un libro en Braille con información sobre el museo. Se puede programar una visita con antelación con ser. *educativo@serralves.pt.*

PASOS DE PEATONES

Suelen ser bajos y a nivel para sillas de ruedas y cochecitos, y algunos cuentan con avisos acústicos para discapacitados visuales. Se recomienda ir en metro para evitar los desniveles del terreno accidentado.

Recursos

- **accessibleportugal.com** Accessible Portugal puede aconsejar sobre circuitos accesibles y alquiler de material en Oporto.

Lo esencial

Horario comercial

Puede variar según la temporada, y muchos restaurantes cierran una o dos semanas en agosto.

Bancos 8.30-15.00 lu-vi

Bares 17.00-1.00 o más tarde

Cafés 8.00-20.00

Clubes 23.00-6.00; algunos solo abren vi y sa

Oficinas de correos 9.00-18.00 lu-vi; algunas cierran a mediodía

Restaurantes 12.00-15.00 y 19.00-22.00 lu-sa

Tiendas 10.00-19.00 lu-sa; algunas cierran pronto el sa

Supermercados 8.00-21.00

ELECTRICIDAD
220V-230V/50Hz

Baños públicos

Son escasos, pero suelen encontrarse en las estaciones de trenes y metro más importantes, así como en grandes almacenes y centros comerciales. Lo mejor es entrar en un café o bar, pedir un *cimbalino* (café exprés) e ir al baño.

A TENER EN CUENTA

Hora local GMT/UTC en invierno, GMT/UTC + 1 h en verano

Prefijo nacional +351

Emergencias 112

Población 237 559

Fiestas oficiales

Las tiendas, bancos y oficinas suelen cerrar los siguientes *feriados*:

Ano Novo (Año Nuevo) 1 de enero

Carnaval (Martes de Carnaval) Febrero/marzo (no obligatorio)

Páscoa (Pascua) marzo/abril; Viernes Santo y Domingo de Resurrección

Dia da Liberdade (Día de la Libertad) 25 de abril

Dia do Trabalhador (Día del Trabajador) 1 de mayo

Corpo de Deus (Corpus Christi) mayo/junio; noveno jueves después de Pascua

Dia de Portugal (Día de Portugal) 10 de junio

Dia de São João (Día de San Juan) 24 de junio

Dia da Assunção (Día de la Asunción) 15 de agosto

Dia da República (Día de la República) 5 de octubre

Dia da Restauração (Día de la Restauración) 1 de diciembre

Dia da Imaculada Conceição (Día de la Inmaculada Concepción) 8 de diciembre

Natal (Día de Navidad) 25 de diciembre

Idioma

Lo básico

Hola.
Olá. *o·la*

Adiós.
Adeus. *a·de·ush*

Por favor.
Por favor.
pur fa·vor

Gracias.
Obrigado. *(m)*
o·bri·ga·du
Obrigada. *(f)*
o·bri·ga·da

Disculpe.
Faz favor.
fash fa·vor

Perdón.
Desculpe.
desh·kul·pe

Sí./No.
Sim./Não.
si^n/nau^n

Frases útiles

¿Habla español?
Fala espanhol? *fa·la sh·pa·ñol*

No comprendo.
Não entendo. *nau^n e^n·te^n·du*

Un café.
Um café. *u^n ka·fe*

Dos cervezas.
Dois cervejas. *doish ser·ve·jhas*

Una mesa para dos.
Uma mesa para duas pessoas.
u·ma me·za pa·ra doish pe·so·ash

La cuenta, por favor.
A conta, por favor. *a ko^n·ta pur fa·vor*

¿Cuánto cuesta?
Quanto custa? *kua^n·tu kush·ta*

Soy vegetariano/vegetariana.
Eu sou vegetariano/vegetariana. *(m/f)*
e·u sou ve·jhe·ta·ri·a·un/ve·jhe·ta·ri·a·na

¿Dónde está...?
Onde é...? *o^n·de e ...*

¿Dónde está el aseo?
Onde é a casa de banho?
o^n·de e a ka·za de ba·ñu

Solo estoy mirando.
Estou só a ver. *shtou so a ver*

Números

1	2	3	4	5
um	**dois**	**três**	**quatro**	**cinco**
un	*doish*	*tresh*	*kua·tru*	*sin·ku*

Argot callejero

El argot en un idioma extranjero es complicado, pero estas expresiones son comunes e incluso se puede intentar usarlas.

tudo bem? Es más una frase final que una expresión real de preocupación de la persona que pregunta si todo va bien.

então palabra flexible que cambia de significado según la entonación. Puede ser una forma corta de pregunta de interés o una sustitución de "hola" *(então?)*, un educado "¡cuidado!" *(então!)* o una pausa antes de empezar una explicación larga *(então...)*.

pá se traduce como "pan", pero suele usarse como interjección que significa "¡hombre!" o "¡tío!". Según el contexto, también se usa en lugar de "mm..." cuando se está pensando.

tipo se usa en el mismo contexto en el que los hablantes españoles suelen usar "como", pero literalmente significa "tipo".

Señalización

Entrada Entrada
Saída Salida
Aberto Abierto
Fechado Cerrado
Há Vaga Habitaciones disponibles
Não Há Vaga Completo
Informação Información
Esquadra da Polícia Comisaría de policía
Proibido Prohibido
Casa de Banho Aseos/WC
Homens Hombres
Mulheres Mujeres

Sonidos característicos

La "r" gutural (similar al francés) y las vocales nasales (pronunciadas como si se intentara forzar el sonido por la nariz).

FALSOS AMIGOS

Aviso: muchas palabras portuguesas se parecen a palabras españolas, pero pueden tener significados distintos; p. ej., *salsa saal·sa* es "perejil" y no "salsa" (que es *molho mo·lio* en portugués).

GRAMÁTICA ESENCIAL

El portugués, como el español, tiene una diferenciación formal e informal, como el usted/tú: *você* y *tu*.

6	7	8	9	10
seis	**sete**	**oito**	**nove**	**dez**
seish	*se·te*	*oi·tu*	*no·ve*	*desh*

Índice

Puntos de interés p. 000
Págs. de los planos **p. 000**

Véase también los subíndices:
Comer p. 158
Beber p. 159
Comprar p. 159

Comer

Beber

Comprar

La opinión del lector

Nos encanta escuchar a los viajeros, ya que con sus comentarios nos ayudan a mejorar nuestros libros. Podéis escribirnos a lonelyplanet.com/contact; leemos todos los mensajes y garantizamos que estos lleguen a los autores.

Nota: Es posible que algunos fragmentos de estos mensajes aparezcan en nuevas ediciones de las guías Lonely Planet, en la web o en productos digitales. Si preferís que vuestro contenido o nombre no sean publicados, por favor, indicadlo claramente. Para obtener una copia de nuestra política de privacidad, podéis visitar lonelyplanet.com/legal.

geoPlaneta
Av. Diagonal 662-664, 08034 Barcelona
www.geoplaneta.com – www.lonelyplanet.es

Lonely Planet Global Limited
Lonely Planet Global Limited, Digital Depot,
The Digital Hub, Dublín D08 TCV4, Irlanda
www.lonelyplanet.com
Contacta con Lonely Planet en: lonelyplanet.com/contact

Oporto de cerca
4ª edición en español – julio del 2025
Traducción de *Pocket Porto*, 4ª edición – marzo del 2025

1ª edición en español – enero del 2016

Editorial Planeta, S.A.
Av. Diagonal 662-664, 7º. 08034 Barcelona (España)
Con la autorización para la edición en español de Lonely Planet Global Limited, Digital Depot,
The Digital Hub, Dublín, D08 TCV4, Irlanda

ISBN: 978-84-08-30066-3
Depósito legal: B. 170-2025
Impresión y encuadernación: Unigraf
Printed in Spain – Impreso en España